信息网络时代的大学生文化修养

主　编　王菁华　赵连营
副主编　梁　园　刘　芳　孟　扬

中国海洋大学出版社
·青岛·

图书在版编目(CIP)数据

信息网络时代的大学生文化修养 / 王菁华,赵连营主编 . —青岛:中国海洋大学出版社,2016.7
ISBN 978-7-5670-1230-1

Ⅰ. ①信… Ⅱ. ①王… ②赵… Ⅲ. ①大学生－文化修养 Ⅳ. ① G645.5

中国版本图书馆 CIP 数据核字(2016)第 196601 号

出版发行	中国海洋大学出版社
社　　址	青岛市香港东路 23 号　　　　邮政编码　266071
出 版 人	杨立敏
网　　址	http://www.ouc-press.com
电子信箱	appletjp@163.com
订购电话	0532-82032573(传真)
责任编辑	滕俊平　　　　　　　　　　　电　　话　0532-85902342
印　　制	青岛正商印刷有限公司
版　　次	2016 年 8 月第 1 版
印　　次	2016 年 8 月第 1 次印刷
成品尺寸	170 mm×230 mm
印　　张	9.5
字　　数	150 千
定　　价	24.00 元

Preface 序言

　　人类社会文化的发展脉络是多向的,其中信息传播的方式塑造了不同时期的社会文化,从口语传播时代、印刷媒介时代到如今的电子媒介和数字媒介时代,特定的传播技术影响了特定的社会文化形态的形成和发展,尤其是现代网络传播技术给我们的社会生活带来了巨大的影响。这些影响在21世纪初就已经展露出来,因此在做研究学位毕业论文时,我就从技术哲学和技术社会学的角度,选择了"传播技术"和"文化"两个维度,来探究人类社会文化的变化。而今,这个选题的适时性和重要性也随着计算机与网络技术对社会各个层面关系影响的加深变得更加突出。

　　在高校从事教育管理工作近30年,我一直致力于大学文化方面的研究。文化对一所大学的发展具有导向性,决定着整个学校的价值取向。文化是过去的沉淀,网络是新兴的技术,这"新、旧"融合的力量日益成为推动各个领域变革的主动力,它不仅仅带来了信息获取内容和方式上的革命,也使人们的生活方式发生了全方位的变革。从高等教育领域来看,网络信息技术在教学、科研和管理方面引发的创新与变革日益显著。大学文化生态在科技进步的引领之下不断发生着细微的变化,这些变化凝聚到一起便形成了行为方式、思维模式的转变,给施教者和受教者都带来深远的影响。在这样一个信息爆炸的时代,我希望广大师生能看到网络技术迅速发展背后的更深层次的社会动向以及由此带来的对生活、对文化、对每一个人的冲击。

　　欲扩其志,必先充其识。没有文化的教育不是完整的教育。大学教育工作者不仅仅需要教授专业理论知识,同时也要结合当下社会思想文化的流变来指导大学生们。大学生是思想最活跃的人群,也是接触、使用最新科技成果的人群,尤其是目前各个高校的受教育主体——"90后",他们出生于互联网时代,并通过网络形成了自己独特的生活方式,在互联网的世界里如鱼得水。所以,高校教育工作者更应该加入到普及网络信息知识、宣传网络文化、培养网络文化修养的行列中来。

在全媒体时代中,网络文化环境给大学文化建设带来了较大冲击,问题主要表现为网络道德伦理失范、日常行为规范失衡。本书在对大学生的网络使用情况进行调研的基础上,以传播信息技术的发展概况和大数据推动当前高等教育变革等方面为主线,从信息技术对文化传播影响的两个维度出发,全面系统地论述了网络信息技术条件下,大学生应着力加强的文化修养,以期对当下大学生网络文化修养的培养教育给予相应的指导与建议,帮助高校广大师生与管理者提高对网络文化的认识和重视,让网络媒体成为大学文化生态建设的新平台,营造出更加文明健康、积极向上的高校校园文化氛围;努力建构起全媒体时代下,网络道德教育的理论框架和实践操作模式,借以充实和发展当前大学生网络道德教育的理论和实践。

本书是青岛市社会科学规划研究项目的成果之一,是对"泛传播时代手机网络对大学生文化生态影响的研究"这一课题在教学领域的实践和推广。本书从网络文化发展的整体环境出发,希望有针对性地弥补网络道德教育手段的不足之处,使教育的内容和方法更加完善,从而有效地实施大学生网络道德教育。同时,也希望能引起各方对网络道德教育的重视,为我国网络社会的道德建设提供可借鉴之处。

编 者

2016年6月

Contents 目录

第一讲	大学生为什么要提高文化修养	1
第二讲	科技、文化与社会发展	13
第三讲	信息网络时代的大学校园文化	24
第四讲	信息素养文化是什么	37
第五讲	人文素养与科学素养孰重孰轻	49
第六讲	大学校园文化与新媒体环境	65
第七讲	网络校园里的社团文化	80
第八讲	如何在信息网络时代培养健全的人格	97
第九讲	怎样在信息网络时代提高创新能力	114
第十讲	信息网络时代的自我教育	129

大学生为什么要提高文化修养

一、大学生文化修养

(一) 文化的含义

"文化"这个词所代表的意义历来众说纷纭。"文化"一词在西方来源于拉丁文 cultura，原义是指农耕及对植物的培育。自 15 世纪以后，逐渐引申使用，把对人的品德和能力的培养也称之为文化。在中国的古籍中，"文"既指文字、文章、文采，又指礼乐制度、法律条文等。"化"是教化、教行的意思。广义的文化是指人类在社会实践过程中创造的一切物质产品和精神产品的总和。狭义的文化是指精神能力和精神产品，它的核心是在人类漫长的历史演进中形成并表现出来的，可以统称为思维方式或精神与心理状态的诸如价值观念、道德情操、审美情趣、民族性格等。

关于"文化"或者"社会文化"的定义，其实，无论哪一时期的文化概念都无法笼统地用一句话或两句话概括出来，但是我们可以推导出关于文化的一些基本观点：作为文明的文化，作为特定精神生活的文化，作为一定生活方式的文化，作为特定价值观的文化。虽然在文化概念变化的标志性特征中，每一阶段的文化概念并未都涵盖这四种观点，但是我们提出的这四种观点，是糅合了文化在不同阶段的标志性特征而得到的,这四种观点都可以表达出相互贯通的文化特质。或者也可以说,文化是人类的一个解释系统,是人类用来理解和定义自身行为的一个解释框架。不同学科、不同学派的解释框架有可能不一样,不同时代的解释框架也不可能一样。

而我们这里谈到的文化,特指狭义的文化,它是区别于政治体制、经济体制,只和人类的思想行为相关的社会文化,是把社会文化看成一种社会结构、文化结构,一种生活方式,一种社会人格趋向,是综合了特定精神生活、特定价值观及一定生活方式的文化。这种"文化"代表了一系列由个人存在方式出发进而影响到社会存在方式的思想、行为的总和。

(二)大学生文化修养的内容

在文化修养中,"文化"是人文与科技的总和;"修"是指吸取、学习,为的是打下知识体系的基础;"养"是在修得的知识基础之上的提炼、批判、反思乃至升华。所以,简单来说,文化修养是指对人文、科技中的部分学科了解、研究、分析、掌握的技能,可以独立思考、剖析、总结得出自己的世界观、价值观的能力。社会是人的社会,文化是人与社会统一的基础。所以,文化修养的终极目标在于协调人与人、人与社会、人与自然的和谐发展。

古代儒家的教育科目为"六艺",即礼、乐、射、御、书、数,这已涵盖了文化修养的主要内容。而在当代,文化修养应该包含以下三个方面。

1. 一个灵魂

文化从本质上来讲是精神现象,而精神现象的核心或者最高层次是价值观念。价值观念决定了一个人的理想、信仰、追求和道德品质,这是文化修养的灵魂。一个人即使拥有很多文化知识,但是没有信仰,缺乏理想和追求,道德品质上有问题,这也不能被称为有文化修养。

2. 两项技能

两项技能是指说话和写作。正常人都会说话,更别说拥有高学历、高智商的大学生了,但是能说话并不代表会说话。从这个层面来看,不会说话的人大有人在,一是不能准确表达自己的意思,让别人无法理解或使理解有偏颇;二是说话不文明,夹杂粗话、脏话;三是不会与人交流;四是缺乏口才。其次是写作。真正的写作是能正确表达自己的思想和情感的,而很多大学生所谓的自己有写作能力,其实都是多年应试教育训练出来的程式化的写作能力。能写出真情实感文章的人不多见,能被称为有文采的学生更是凤毛麟角。

3. 十门学科

十门学科分别是文学、历史、哲学、经济学、伦理学、心理学、法学、社会学、艺术知识(音乐舞蹈、书法绘画等)、自然科学知识(天文地理等)。其中,文学是文化修养中最主要的内容;史学让人深邃;哲学让人睿智;经济学让人务实……其他知识能够让人有丰富的见识和经验,还能陶冶情操。当然,文化修养的内容十分广泛,除此以外,相近的学科还有语言学、修辞学、逻辑学、政治学、军事学以及宗教学等。

(三)大学生文化修养的现状

伴随着全球经济一体化、高等教育全球化和中国高等教育大众化,我国文化环境发生了巨大变化。再加上信息网络时代到来,现阶段我国进入一个新的社会发展时期,科技空前发达,资讯传播空前高速,个人意识空前高涨,在物质产品极大丰富的同时,人们的精神生活却出现了不同程度的迷茫或空虚,尤其是作为祖国未来栋梁的大学生,文化修养状况不容乐观,主要表现在以下几个方面。

1. 知识层面的缺失

不少学生缺乏人文基础常识,知识面窄,知识结构不合理。文、史、哲和艺术方面的知识浅薄,连最基础的文学常识、最基本的艺术欣赏能力都不具备。随着网络时代的来临,大学生成为网民的主力军,大部分生活都被网络所占满,很少有时间去阅读书籍,增长人文知识。不少学生写作能力、语言表达能力较差,语言表述不规范,网络语、口头语满天飞,而且字迹潦草,逻辑不通,相关的语文理论知识缺乏。

2. 人文精神层面的缺失

随着竞争机制进入社会生活的各个领域和专业化社会的到来,社会上掀起了"文凭热""考研热""考证热"。由于就业压力较大,很多学生将顺利毕业、考研作为上大学的唯一目标,于是花大力气在专业学习以及未来发展需要的领域下功夫,有一定的功利主义思想,而对于人文知识缺乏追求和热忱。比如,对于学校开设的公共课、通识课,部分学生旷课现象严重,对待考试也采取应付态度,作弊现象时有发生,即使上了课也未必听得进去,未将所学的人文知识转化为内在修养。

此外,还有信仰危机和价值观的迷失。知识经济时代,多元化社会带来的海量信息冲击着学生的大脑,造成了部分学生的信仰危机、理想和价值观迷失。很多学生的社会政治理想模糊,对应当承担的社会责任关注不够,缺乏奉献精神,忽视道德规范,社会纪律意识差。一些学生在学习生活中遇到困难挫折时,表现出较大的心理依赖性,存在不劳而获的心理。同时,功利主义、个人主义、拜金主义思想严重,在没有升学目标的大学环境里,很多学生找不到未来的方向,不再以个人理想信念作为激励成才的动力,而是将"混"一张文凭、找丰厚收入的工作、享乐、过奢侈生活作为人生追求的目标。

3. 修养层面的缺失

在大学校园里,有些学生不讲文明礼貌,社会公德意识淡漠。有些学生随地吐痰,乱丢垃圾;有些学生上课讲话,吃东西;有些学生在图书馆大声喧哗;有些学生在校园公众网络平台发帖,随意谩骂;有些学生以自我为中心,不懂得为人处世的道理,对国家、社会漠不关心,对班级同学冷淡、轻视,从未考虑过他人的想法;有些学生意志薄弱,心理承受能力低,在遇到挫折时悲观、绝望,存在一定的心理障碍;有些学生思想道德素质不高,人格不健全,为了一些鸡毛蒜皮的小事甚至丧失人性,抡起菜刀向自己的室友砍去,造成了学生和家庭无法承受的痛楚……

　　这些现象正是中国多年来重应试教育、忽视文化修养教育的结果,也在一定程度上说明我国大学生人文素养的缺失。大学生的文化修养亟待提升。

二、文化修养的重要性

　　人类正在步入信息时代,网络文化和信息时代的变革日益广泛地深刻影响着人类的日常生活。信息技术的发展和传播所引发的信息革命正在对高校教育产生重大的影响,给现代高等教育带来前所未有的挑战和机遇。面对社会生活的急剧变革,利用信息网络时代的优势,深入推进大学生文化修养教育,在全面提高素质教育的今天,有着重要的意义。

　　如果用发展的眼光来看待一个人的发展,人的素质是相互关联、不可分割的,每种素质之间既相互联系又相互区别,既相互渗透又相互制约,片面强调某一种素质的发展都不能实现全面发展的要求和目标。良好的文化修养乃是人的无形资本,这个资本不断地增值,而人一生中就享受着它的利息。它的作用可以跟随人的一生,并且随时随地地表现出来。我们经常可以听到这样的评价:"这个人的修养真好。"或者也有人说:"这个人的修养真差。"通常来说,有文化气息和修养的人,在谈吐举止间会自然地流露出一种高雅、温和、文质彬彬的感觉。古人常用"书香门第"来形容某个家族的人的修养,真正能透出"书香"的是能够让人一眼、一交谈就能感受到的浓浓的高尚气韵的谈吐,在举手投足之间闪现出"文化""修养"。虽然修养包括了举止、仪态、谈吐,等等,但文化气息却是其中不可或缺的部分。

　　诚然,现代社会的进步离不开科技力量的发展,但是科技说到底还是与"人"有关的科技,是"人"发明创造的科技,是"人"驾驭掌握的科技,是"人"利用转化的科技,因此培养德才兼备、全面发展的复合型人才,才是实现社会全面发展的途径。科技高速发展的当今社会强烈呼唤着以培养有文化修养、有人文精神的人才为目标的培养模式的出现,以推动科学教育与人文教育相互融合。

（一）加强大学生文化修养关系到国家发展

在历史的长河中，一个先进、发达的国家一定是文明进步的国家。同样的，文明的国度必将走向发达和进步。试想一下，如果一个国家充满了腐败、欺诈、暴虐，那么人们所创造的物质财富和精神财富又哪来的立足之地？又何谈社会财富的积累？更谈不上国家的进步！

因此，文化的建设才是一个国家立足的关键，要实现中华民族的伟大复兴就必须重视国家文化的建设和民众文化修养的提高，只有这样才能为国家和民族的发展注入源源不断的动力。一个国家或民族最重要的是文化，其次是制度，再者才是财富。如果说，一个人拥有高的文化素质，那必定指的是丰富的文化知识和健康的心理素质、良好的道德修养。在一定意义上，文化修养就是灵魂，没有灵魂的人就等同于行尸走肉。

（二）加强大学生文化修养关系到社会进步

当今社会迅猛发展，社会观念被不断地更新，国际竞争呈白热化的状态。面对纷繁复杂的竞争局面，社会需要综合性、创新性、实践性的复合型人才，专业化教育显然已经不适应当前的发展形势，注重"能力教育"的"通才教育"是时代的要求。因此，大学生不仅要知识渊博，有一定的专业特长，还要有高雅的情志去应对复杂的环境，而实现这一目标依赖于文化修养的加强。纵观人类社会的发展历史，无论是中国还是其他西方国家，社会迅速发展的时期基本上与社会文化繁荣的时期相吻合，这就说明社会的进步与文化的发展是相互促进、互为因果的，文化的发展和进步在一定程度上推动了社会的进步。

一般来说，社会的变革与发展有两种形式：一种是短时间内实现的突进式发展，另一种就是温和的渐进式发展。但无论是哪种形式的变革，都需要先进的文化和思想的解放为导向。如果只是按照固有的模式提出社会变革的纲领或者措施，那带来的结果只能是形式上的改朝换代，缺乏内容上的更新和变革，没有思想文化为先导的社会变革，只能带来对社会现状和社会稳定的破坏,从根本上无益于社会的进步。正是因为文化的发展与社会的发展互为因果,而社会的发展说到底还是"社会人"的发展,是人的文化的发展、思想的发展、修为的发展,因此,想要实现社会的发展,想要促进文化的繁荣和"社会人"的进步,需促进社会思想的进步,提高整个社会群体的文化修养。大学生作为时代先锋,作为促进现代化建设的主力军,肩负着中华民族伟大复兴的重要历史使命,复兴的不仅是灿烂的事业,更要复兴辉煌的文化,在这一点上大学生提高文化修养责无旁贷。

(三)加强大学生文化修养是青年学子个人素质提高的重要途径

一个人生活在社会中,不免要与他人、与环境产生关系,而处理好这些关系,关键一点就是人文精神。再说得具体一点就是一个人的人性化精神。人性化精神在生活中的具体体现就是交流过程中所体现出的"人"的精神,这是一个人文化修养的重要表现。从个人发展来说,文化修养是个人身份的代表。一个人的谈吐举止、知识修养、待人接物,都可以反映出这个人的内在修养。在人际交往的过程中,人与人之间的交往需要相互理解、相互包容、相互尊重和相互帮助。如果一个人在和别人的交往中背信弃义、尔虞我诈、我行我素,不考虑别人的看法和感受,那他必然会被别人唾弃,也无法获得别人的认同,更无法融入社会。

每个人是组成社会的细胞,是社会大家庭的一分子,个人的文化修养提高了,整个国家的文化力才能整体提高。当今世界的发展依靠高素质的人才,想要培养出高素质的人才,不仅要在文化知识、理论技能方面下功夫,更要重视一个人人文素质的培养。大学生应该先要学会如何做人,再学会如何做事,如何学习。然而在现实生活中,有的大学生只从自己的兴趣出发,单纯追求知识的专业性,尽管在专业知识上有所建树,但是对自身素质的提高却并不重视。因此,培养"重科技、重政治、重人文、重理论、重实践"的综合性人才,是大学生教育的必然要求。想要避免青年学子"有知识没文化,有文化没修养"的尴尬局面,就要注重大学生文化修养的提高。只有加强以人文精神为目标的人文教育,才能帮助大学生由"自然人"进化到"社会人",实现个人人格的完整,与周围世界和谐相处。

文化修养就是在掌握科学知识、人文知识以及提高道德修养的过程中完成对人的人文社会化教育,将人文知识转化为人文精神和人文修养。现代化社会中,人们的活动领域在不断扩大,社会交往较之前频繁且复杂,人们的意识形态在新事物的冲击之下也发生巨大的变化,这就对个体适应新环境,树立新观念,保持对周围事物的应变能力和学习能力提出了更高、更具体的要求。文化修养的提高是时刻保持对新鲜事物的应变和学习能力的重要途径,对青年学子提高个人综合素质有着重要的意义。

(四)加强大学生文化修养是我国深化高等教育改革的必由之路

加强人文教育、培养人文精神已经成为当代国际教育改革的趋势,《国家教育事业发展"十一五"规划纲要》中提出,在"十一五"时期,我国教育发展的工作重点之一就是要"全面实施素质教育,促进学生德智体美全面发展"。人文学科的学习有助于青年学子培养一种对社会的敏锐意识,辨析美丑,去伪存真。

古语道:大学之道,在明明德,在亲民,在止于至善。当代大学生作为实现中华民族伟大复兴的年轻一代,本应该用实际行动去践行"关乎人文已成天下"的古训,然而现实情况确实堪忧。"应试教育"的指挥棒,在一定程度上将广大青年变成了"考试机器"。大家一味重视分数的高低,文化素质的提高却被扔到了脑后。要知道,文化修养的缺失对大学生的成长成才来说是极为不利的。有些学子终日沉溺于低俗文化中,文化、道德素质日益下降。再者,长期以来,我国高等教育都是按照标准化、统一化的教育模式开展教学活动,大学生刚摆脱高考的沉重负担,便迎来古板、刻板的大学教育方式,必然会阻碍和压抑学生的个性成长,这与年轻人追求丰富多彩的精神生活的需求是有一定差距的,不利于学生兴趣的培养和好奇心的保持。

从现实情况来看,专业知识的教育固然可以将一个人培养成专业化人才,却不能将一个人变成和谐发展、综合成长的人才。缺乏人文精神的教育是不完整的教育,缺乏人文精神的人也是不完整的人。目前我国高等教育存在专业类院校多、分科细、专业性较强的特点,各高校重视专业人才的培养,忽视了文化修养和文化素质等综合教育的问题。研究和解决这些问题也是目前我国高等教育改革面临的重要任务。实施和加强大学生文化修养,不仅符合我国高等教育改革的实际要求,也有助于推动和促进教育观念的更新,有助于推动高校教学改革的不断深化。人文素质教育是教育大学生如何做人的教育。孔子曾说:"质胜文则野,文胜质则史。文质彬彬,然后君子。"目前,一些大学生处于人文教育的"饥饿状态",而加强青年学子的文化修养有利于促进大学生人文精神的培养。提高大学生的文化修养,目的就是在加强对学生的知识教育和智商开发的同时,注重学生的全面发展和综合素质的提高,在加强文化修养的过程中提高文化素质和人文精神,使其成为和谐发展、境界高尚、心胸豁达、知识渊博、情致高雅、意志坚韧、人格健全的人。

三、当代大学生提高文化修养的途径和方式

一个人的文化修养和人文精神不是生来就有的,而是在学校、社会、家庭等多种教育因素的共同作用下形成的。大学时期是一个人价值观、人生观、世界观的形成和发展时期,而这个时期个人主要的教育引导者是学校,缺乏人文教育的教育是不完整的教育,因此对于高校而言,指导并培养大学生在学习、认识和掌握人文知识的过程中完成人文教化也是一门重要的课程。

人文教化要解决如何使大学生通过人文知识的学习和感悟,把人文知识内化和升华为文化修养,正确对待自我、他人、社会和自然,使学生学会与人合作共事、和谐共处,对他人、群体和社会有责任感,处理好工作、学习、生活的关系,建立工作学习化、学习生活化的新鲜处世方式。

(一)奠定良好的文化基础,普及文化知识,培养文化爱好

文化修养的提高必须依靠人文知识的积累,以大量的文化知识作为基

点,促进认识的飞跃,以培养高尚的文化精神。杰出人才的修养品性都以文化积累为基础,我国著名科学家钱学森、李四光等都有很高的诗词及音乐修养。若扩其志,必先充其识,培养良好的文化修养需要文化知识的积累,进而提升为文化品位。由于中学教育是以高考为目标,太早将文理分科,忽视了文化教育的统一性,所以即使现代大学里开设许多文化基础公共课,但并未得到学生甚至是老师的重视,在学习积累过程中,领悟和体验文化内涵也被放到了次要地位。个人的文化修养学习不能因为工作繁重而托词没有学习时间,更不能因为生活的单调而误认为学习无用。学习能把人们从繁重的工作中解放出来,能使人们走出单调、低级、无味的生活。要具备起码的学习能力,它包括广泛涉猎的能力、知识的储备内化与重构的能力、信息的收集与处理能力等。世界上最颠沛流离、文化传承却最牢固的犹太人,重视自己的文化,重视教育。因为学习使人对待事物有了新认识、新观念,学习使人掌握了解决问题的新手段、新方法,学习使人走出了既得利益的小天地,走向豁达和谐的大世界。

(二)传统文化教育与现代科技教育的交融

对今天的大学生,我们不能只提供传统文化教育,现代科技文化的教育也是必不可少的内容。高校需要让科学课程自觉、自然、潜移默化地贯穿文化修养的培养过程,这是对教师的要求;同时,从科学教育中自觉地领悟和汲取文化精华,是对当代大学生的要求。

对于教师而言,科学课程的讲述要激发学生对科学的兴趣,将科学知识从鲜活的自然想象中提取出来,将抽象和概念的部分总结,形成丰满的"知识"。要引导学生自己对变化的事物提问,研究其奥秘所在,从而激发强烈的追求兴趣,自己去得出科学结论;激发他们去完善课程内容,拒绝枯燥地罗列、机械地进行逻辑推理和论证,以培养学生求知创新的兴趣。在现代科技知识的讲授过程中,要讲述科学发现和发明的历史,将传统文化进程与当代科技发展结合在一起,并且要穿插讲述人类史上一流科学家的奋斗故事以及对历史进程的意义,这样可以激励学生以其为楷模;同时突出科学家优秀的道德品质,在创造丰功伟绩时,强调其伟大的人格力量给后人以道德影响。对传统和现代文化的讲授过程中,教师要讲出科学的美。这种美不仅仅存在于自然现象中,而且存在于科学的规律中,对这种美的发现需要一定的科学素养,需要站得更高才能领略科学的全貌,引领学生感受科学规律的美,从文化教育中去领会知识的美,培养学生主观感受文化之美的能力,这是教师的责任。对于现代科技知识,高校教师需要讲述科学应用的正、反社会影响,严肃地提醒学生注意现代科技的社会后果,帮助学生分辨利弊,积极投入人类科技活动中,克服或抑制科技的负面影响。爱因斯坦曾告诫美国大学生,"你们只懂得应用科学本身是不够的,关心人的本身应当始终成为一切技术上奋斗的主要目标;关心怎样组织人的劳动和产品分配这样一些尚未解决的重大问题,用以保证我们的科学思想成果会造福人类,而不成为祸害。在你们埋头于图表和方程式时,千万不要忘记这一点"。教师在现代科技的教学中要始终贯彻这种精神,以严肃的态度帮助学生树立社会责任感,为国家和民族的繁荣履行自己神圣的义务。人们思维方式的形成和开拓总是和文化背景、价值观有关,要引导学生掌握科学的思维方法,同时激发学生的情感。情感调动着学生的情绪,在提高个人修养中起着重要作用。

(三)营造浓郁的文化氛围

一个人生活、成长在什么样的环境中,就会受什么样的影响,环境对个体的作用十分重要,"孟母三迁"的故事就是环境给个人成长带来影响的典型例子。同样,大学生文化修养的培养也离不开大学生活、学习环境的影响。文化氛围对培养和提升人文品位和人文气质的作用十分显著。文化修养教育的途径和方式之一就是营造浓郁的文化氛围,尤其是校园文化、校风、教风、学风和学术氛围。

(四)在社会实践和文化活动中提高自我的文化修养

鼓励大学生积极参与社会实践活动,是加强文化修养教育最好的实践途径。有计划地组织学生参观校内外的各类博物馆等文化景点,参加社会调查、访谈等活动,参与社区服务工作,使大学生在实践中提高自身的行为修养、价值观和责任意识。同时,各种文化活动也是提高文化修养的途径和方式,专题讲座、名著名篇的导读、课外阅读、各种社团的文化活动,等等,不仅可以丰富大学生的课余文化生活,更重要的是能陶冶他们的情操,提高文化修养。

加强大学生的文化修养教育不能一蹴而就,而是一项长期的任务,也不可能立竿见影,它需要我们在日常生活和学习中去慢慢体验,无论是过去还是当下,社会知识和文化的共同教授和塑造才是教育的意义。

| 参考文献 |

[1] 刘金同,宫淑芝,陈文新. 大学生文化修养[M]. 北京:北京大学出版社,2008.

[2] 刘太刚,鲁克成. 大学生文化修养讲座[M]. 北京:高等教育出版社,2003.

[3] 袁本新,王丽荣,等. 人本德育论——大学生思想政治教育的人文关怀与人才资源开发研究[M]. 北京:人民出版社,2007.

[4] 王森勋. 高职学生人文素质教育[M]. 济南:泰山出版社,2008.

[5] 周晓明. 论大学生文化修养与职业理想的素质[J]. 煤炭高等教育,2006(3).

[6] 张毅. 我国大学生文化素质教育问题研究[D]. 西安:陕西科技大学,2015.

第二讲

科技、文化与社会发展

一、科学与科技

2016年3月26日下午,中国人工智能界的六位翘楚齐聚北京某会馆中心,与科技爱好者举行了一场名为"AL,谁说我只会下棋?"的小型科技会谈,聊聊AL目前在各行业的应用。会谈主题内容从人脸识别系统到人体动作的数据化,向我们一一展示了科技在人类社会生活各个领域的应用。

这种关于现代科技在我们实际生活中运用的小型座谈的主题,对于处于信息科技时代的我们来说已不新鲜,科技已经渗透进我们生活的每一个部分。从父辈到子辈,从厨房到办公室,从天空到海洋乃至宇宙的探索,每一天,我们都在享受科技带来的便利,我们的认知也随着客观事物的发展不断被扩充、更新。

科学不仅仅只有实际用途,它既在物质上给予我们保障和便捷,同时也在精神方面满足我们对世界的认识。从人类出现伊始,我们就在好奇心的驱使下打量并研究这个世界。人类文明的最先发源地是那些著名的沿河流域,人们在泥土上种植农作物,在不同的时节引水灌溉,采摘收获,建设家园。由于耕种技术的限制,人类每天需要花费十几个小时进行耕作劳动,因此所有的发现和技术都围绕着如何能种植出更多的粮食。当基本的温饱得以解决，人类就开始思考更多的难题：生与死？谁让太阳东升西落？谁让四季周而复始？于是，古埃及人观测日月星辰，观察河流潮汐……创造了最早的太阳历，并且创造了"神"，科学就在这样的劳作和好奇中孕育。亚里士多德曾这样阐述科学产生的原因：

古往今来人们开始哲理探索，都应起于对自然万物的惊异；他们先是惊异于种种迷惑的现象，逐渐积累一点一滴的解释，对一些较重大的问题，例如日月星辰的运行以及宇宙之创生，作成说明。一个有所迷惑与惊异的人，每自愧愚蠢（因此神话所编录的全是怪异，凡爱好神话的人也是爱好智慧的人）；他们探索哲理只是为脱出愚蠢，显然，他们为求知而从事学术，并无任何实用的目的。

科学是人类对客观事实的整理，是真理，它源于社会实践，并用最终的成果为社会服务，即为科技。科技作为科学在实际中的技术应用，它的本质是发现或发明事物之间的联系，各种物质通过这种联系组成特定的系统来实现特定的功能。科技不单单是一些方法或技术，还是我们对所处世界思考的结果，也是人类满足好奇心的工具。

二、文化与科技

科学是一种文化，它体现的是人类思想与自然的关系。作为一种智能文化，既要面对自然，以理性的态度看待自然，也深入人性，满足我们无穷的好奇心，并弘扬尊重事实、追求真理的不屈的献身精神。作为科学在实际生活中的运用——科技，它与文化之间的关系也是相互依存、彼此交融的。在人类历史发展的过程中，科技、文化两者互相促进发展，科学技术为文化的产生和发展提供物质基础，并且不断地创造着新的文化形式，推进文化的进步。

科技的产生和发展是在社会发展中自行进行的，它的发展并不是平衡的,它的不平衡性不仅仅体现在地域上,还体现在时间上,其发展的速度和效率受文化的影响巨大。科学和科技,从学科的分类到科研操作流程乃至思维模式,显示得更多的是西方文明的特征。在东方,例如,中国受实用理性的支配,长期重农抑商,科技在社会中的作用表现为需要直接满足社会生产的各方面需要。由于这种极端的实用性,导致政治对科技的束缚较大,科技没有自由发展的空间,成为社会和文化的依附,所以当社会不提出要求时,科技就没有发展的动力,很容易进入停滞状态。西方在古希腊时期建立的科学理念是完全不同的,西方科学从古希腊的科学中汲取营养,又超越了技术的层面,建立了它独特的人文理想,即将追求理性作为科学的本质。这种思维模式贯穿西方文化,又独立于文化,有自己的发展轨道,因此西方每一场科技变革都势必会引起人类文明的进步。

现代社会信息技术的跨越式发展,不仅推动了科学技术的进步,更极大地改变了人们的文化生活方式和认知方式。现代互联网信息技术让跨越国界的交流变得触手可及,科技促进文化的融合和传播在当下尤为明显。另一方面,文化则为科技的创新提供着精神和智力支持。纵观人类发展的各个历史阶段,绝大多数的科学发现及科技成就都是在经济、文化发达的国家产生的,因此,文化的昌盛是孵化科技最好的温箱,为科技的发展提供着成长环境。一个国家和社会能否代表当前这个时代,拥有最先进的生产力,最重要的一点就是科技在发展的过程中是否能渗透到文化的各个领域,影响文化的生产、传播与消费,推动文化的大发展,能否实现与文化良好的融合。然而这种融合也会带来很多负面的影响。当前人类面临的环境污染、资源枯竭、生态危机,无不与现代科技的无节制使用自然资源有直接关系,现代科技也给人类生存造成了严重威胁,它所引起的负面效应成为笼罩在人类心理与文化中的阴影。

三、科技和社会的历史关系审视

在早期的人类文明里,科学是不成体系的,没有完整的理论和详细的分类，多以哲思或者技术的形式出现，所以技术往往成为科学的代名词。科技与社会是双向互动关系。纵观整个人类社会的发展概况，科学与科技之间的转化依赖于当时的文化与社会的发展。科技作为社会生产力，还拥有巨大的社会功能，人类社会的几次重大变革，都离不开科技的发展。科技的发展方向和内容往往以一个社会最需要解决的问题为中心，因此每个时期科技与社会之间的互动关系都是有区别的。

（一）古代融合依附期

5000多年前，人类发明了文字，并开始记载历史，同时也开始记载对自然界的探索结果，从各种历史记载中都能看到早期科学思想的萌芽。在人类早期社会，人类最需要解决的就是生存问题，"人们能够创造历史，必须能够生活，首先需要衣、食、住以及其他东西"。为了满足生存的需要，人类不断同大自然进行搏斗，也不断地从大自然中汲取，最终，人因为自己的技术而成为人。

尤其是古希腊时期（公元前7世纪～公元前3世纪），在这500年里，不论西方还是东方都诞生了一批思想家，他们开始对这个世界、对人类进行思考，将哲学思辨推向了顶峰，至今这些人的思想还在影响着我们。与古希腊更注重理性的科学思维不一样，在东方以中国为代表的大批思想家，秉承"修身、治国、平天下"的信念，奔忙于列国讲道，为了使自己的思想能够被君主采纳，会更多地迎合统治者的需要，这就造就了中国文化以实用经验知识为主的特点。而在古希腊，第一位自然哲学家泰勒斯就尝试借助观察和理性思维去了解这个世界。他利用日影来测量金字塔的高度，准确地预测了公元前585年所发生的日食，并且修订了一年的长度为365天……泰勒斯开启了西方科学的理性主义精神、唯物主义传统和普遍性原则，更注重解释和理解自然，而不是征服和支配自然，这种理性的唯物的思维方式成为欧洲思想的精髓，奠定了西方科学的思维特征。这种思维特征的存在是欧洲能在经历过千年漫长的宗教洗礼和压制后，自然科学以及科技却能再度领先世界，成为世界科技发展的中心的本质原因。

然而,这种理性的发展却因为历史和社会的动荡而中断。在与斯巴达多年交战之后,希腊内损严重。罗马人重视现实利益,对古希腊的科学文明只是复制和传承,并无发展。直到公元476年,西罗马帝国灭亡,欧洲进入封建社会。长夜漫漫的中世纪,炼金术士和巫师成为科技的代言人,教会统领了一切,西方科学与科技走进一个长达千年的低谷。

"西方不亮东方亮。"居住在阿拉伯半岛的阿拉伯人,于公元5世纪结束了部落游牧的生活。集世俗与宗教领袖为一身的穆罕默德,在麦加开始了他对伊斯兰教教义的宣传。政教合一的统治形式让阿拉伯民族强大起来,在征服了西亚以后,阿拉伯人迅速攻下了北非和西班牙,在8世纪中叶,建立了一个幅员辽阔的阿拉伯帝国。慢慢地,阿拉伯人的科技文化事业开始兴盛。然而阿拉伯人对科技的专注并没有放在自然学科上,他们更关注科学的实用性,于是阿拉伯人掀起了炼金术的第二次高潮,从侧面刺激了化学的发展。但是这种繁荣也没有持续多长时间,在12世纪后,阿拉伯文化开始黯然失色。

而东方的另一个文明古国——中国,借助相对稳定的政治环境,宋朝时期的中国,科技已经处于世界领先水平。同时,由于地缘和政治环境的相对独立,中国的科技发展带有浓厚的东方封建文化特点,构建了一套促进生产力发展的科技体系——农、医、天、算四大学科以及陶瓷、丝织和建筑三大技术。特别是中国古代的四大发明,对整个世界的文明、科学以及社会结构变革都产生了深远的影响。然而,即便如此,因多方面原因,东方文明并没有顺势勃发,成为近代科学的引领者,反而在封建社会后期逐渐走向没落。

(二)近代分离期

在这千年的古代文明期,科技与农业社会的融合,技术上的革新由解决社会生产中的实际问题而引发,随着社会需求的变化不断更新、完善;另一方面,这些科技成果的创造、传播和运用,也在一定程度上促进了古代社会的发展和进步。但是在这个时期,科技没有中间独立的规则以及评价标准,未能从社会结构和体系中分离出来,因此它的发展受到社会政治或宗教的制约,这种受限的状态一直持续到近代。

中国的四大发明被带到欧洲,在综合因素的影响下,欧洲的科技文化开始复醒。由于地缘关系和政治遗留原因,意大利成为欧洲最先进入学术复兴的国家,为文艺复兴的开始奠定了基础。经过1000多年的宗教压制,在14世纪的科技史上,欧洲延续着古希腊的科学精神,科技发展的齿轮在哥白尼的日心说下启动,这些近代科学家开始向宗教神学发起进攻。这个时期由于王权需要更多的支持,国王便给予这些新兴的科学人才更多的空间,借他们的力量来打击教会,冲击神权的不可侵犯性,使民众摆脱教会的束缚。借着这场政治较量,科学得以在国王与教会争权的间隙中生长,开始暗暗发力。

17世纪欧洲新兴的资产阶级对发展工商业以及海外贸易有着强烈的渴望,这种对资产的欲望促使科技手段在纺织、机械、造船等各行业中得到广泛应用。这样的运用使得科技活动在社会经济活动中的价值得到了充分的体现,作用越来越大;另一方面,改变了世人对科技的看法,开始承认科技活动的价值以及存在的意义,并把科技作为一种重要的经济资源看待,当政者通过精心扶持一些研究开发,使其顺利达到政治、军事、经济的目的。因此在进入17世纪后,科技越来越被社会认可,进而形成了社会支持科技持续发展的局面,大量的物质资助和社会肯定,也促使科技工作者愿意为此去发明研究,科学家凭借着自身的价值,开始以独立的职业角色进入社会。

如果说公元前7世纪到公元前3世纪的古希腊是令后人敬仰的、伟大的科学萌芽时代,那19世纪常常被我们称作科学的世纪,它因为自然科学兴盛的推动,引领了科学技术的发展,最终对社会生产力产生了巨大的影响,这是科学对社会变革影响最广、最深的一次。

美国物理学家约瑟夫·亨利总结了科技的社会化:"19世纪历史的显著特点是,将抽象的理论应用于实用技术,让物质世界的内在力量为智慧所控制,成为文明人的驯服工具。"19世纪后,人类的文明和社会生活开始牢牢地与科技绑定。最显著的莫过于19世纪的工业革命,珍妮纺纱机的发明和蒸汽机在工业上的运用,加速了手工业发展进程,为新兴的资本主义创造了更多的剩余价值。借助科技的飞速发展,欧洲各国国力蒸蒸日上,再一次改变了世界政治经济的格局。科技的迅速发展带来了社会结构的变革,这样的波动也不仅仅出现在欧洲大陆。美国于1861年爆发长达四年的南北战争,从表面上看是北方民众为了更好地解决本国的人权问题,要求南方以种植为主的庄园主们释放黑奴而产生矛盾。然而所有人心知肚明的原因是:由于美国经历了长达十年艰苦的独立战争,这个新兴的大国从欧洲引进了先进的科技和工业,在一片废墟上建设家园,修建铁路,开钢铁厂……因此本国北方的工业主急需大量劳动力为他们所用,然而南方庄园的奴隶制管理,让大量的劳动力不能自由地在劳动市场上流动,最终北方以林肯为首的资产阶级向南方的种植园主们发难,开启了长达四年的内战。在内战之后,先进的科技、充沛的劳动力资源让美国的工业水平奇迹般地跃居世界前列。

近代科技与近代社会的关系,同古代融合期相比,发生了很多变化:从互动、被融合的模式,转向互助、独立的关系。首先,科学从哲学母体中分离出来,成为有独立体系、分类清晰严谨的各类学科;其次,自然科学和生理医学研究的发展,为科学摆脱宗教神学的束缚提供了基础;并且在这个时候,科技从生产劳动中独立出来,科技的主体也从社会职业技术人员中分化出来,科技与社会产生了真正的互动,不再是从属的关系,科学家角色分化和科技制度的建立,使科技成为一种社会建制,成为和政治、经济、军事等相对等的社会力量。

(三)全新的全面融合期

科技在社会发展中的地位迅速上升,尤其是在"二战"过后。大量的先进科技被最先运用到武器研发,各国都明白科技在这场战争中的分量,对科技人才的扶持、实验室的建立都出现了空前的热情和投入,科技与社会之间再一次呈现出融合的趋势,进入了"大科学"时代,由此还延伸出科技的社会化和社会的科技化的现象。

1905年和1916年，爱因斯坦先后提出了狭义相对论和广义相对论，这一新的时空理论改变了人类对宇宙的观念；

1919年，卢瑟福用α粒子轰击氮原子核，使氮原子嬗变成了氧原子，首次人工将一种化学元素变成了另一种；

1928年，英国人弗莱明发现了第一种抗生素——盘尼西林；

1944年，美国科学家发现了生物的性状取决于DNA，即脱氧核糖核酸；

1945年，曼哈顿工程——第一颗原子弹研发成功；

1946年，第一台电子计算机问世，它体重达30吨，使用了1万多支电子管；

1953年，沃森提出了DNA分子的双螺旋结构模型；

1967年，南非进行了第一例人体心脏移植手术，患者在移植后存活18天；

1969年，美国"阿波罗11号"成功登月；

1975年，比尔·盖茨创办微软公司；

1978年，第一名试管婴儿诞生；

……

尽管还有更多的科技成果未能列出，但据此我们可以看出科技在20世纪人类历史中所占据的比重，尤其是核能利用技术、航天航空技术、信息技术和医药生物技术四项尤为突出。与过去的历史相比，20世纪的科学转化成科技的速度越来越快，是科技空前辉煌的世纪，我们创造了巨大的科学成就和物质财富。从各种器具到思想都带有科技的印记和特征，现代科技的规模不断扩大且日益成为一项巨大的社会活动，深刻地改变了人类的生产和生活方式及质量，同时也深刻地改变了我们的认知和思维观念，科学方法、科学信念、科学思想和科学精神都逐渐渗透到社会之中，为我们所理解和接受。"当代科技与社会之间的互动关系，主要体现为当代科技与以知识作为主要生产要素的知识社会的全新的全面融合，它是当代社会经济的全球化、一体化、知识化与科技智能化、产业化、国家化和国际化的高度统一。"科技在这个时代成为真正的第一生产力,这也意味着一个全新的时代来临——知识经济时代。在当下这个时代,由于信息技术的广泛运用,经济的主导技术就是信息技术,社会各处都被网络连接,每一个人、每一个家庭、每一个企业,都在互联网的信息连接之下,将各个连接点紧密地联系在一起,技术的实际威力愈来愈大,也更难以被人类驯服。

四、科技与人类未来

在人类历史的各个时期里,科技、文化、社会三者水乳交融,互促互进又彼此制约影响。

历经漫长的岁月,我们利用科技不停改变着自己的生活方式。人类社会发展水平的大幅度提高主要依靠科技的进步。科学技术可以丰富劳动者的科学文化知识,从而提高他们的劳动技能与水平;可以使劳动对象不断提高自身素质,也使劳动组织与管理手段更加科学化,从而提高各个劳动环节之间的协调功能与动作水平。科技已经成为社会发展的核心力量,渗透到社会生产力各个要素中,带来生产力的革命性变革,不仅使人对自然的开发和利用更加充分,而且研制开发出新型材料,大大减少了社会生产对非再生能源的依赖。我们的社会已经无法离开科技,因为科技已经以它特有的方式渗透在人类社会的各个角落中,并发挥着独特作用。所以,人类为了自身的发展必须充分地发展和利用科技,发挥它的积极作用,以便于为人类更好地服务。

而另一方面,对于现代科技发展带来的不良后果,我们也必须要正视。对于目前井喷式的科技发展,好像令我们越来越确信:科学简直是万能的,只要继续发展科学,我们征服和改造自然的能力就会越来越强,生活就会越来越美好。然而,在其快速发展的背后,一些潜在的危险正在显露:我们为了获取更多能量而过度开发大自然,尤其是现代工业和生活的能源需求绝大部分是煤和石油,然而这些都属于非可再生资源,如果无法找到替代资源,我们的社会文明就有可能崩塌。人类的非理性行为总是存在的,一旦失误,就会造成无限的灾难。这些问题我们都不能消极对待,而要采取积极措施,规避风险,促进科技创新,让科技朝向有利于人类的方向发展。同时,应进行调研和测评,将不利于社会发展的应用减至最少。

社会对科技的影响同样也是推动科技发展的关键,诸如科技资金拖入的量、拖入配置、允许制度以及体系的运行与完善等问题。政府对科技体制改革所采取的诸多措施,也是对科技有力的推动力量。这一点纵观东西方的科技史便可以看出,国家政策支持与否可能会改变一个时代的科技走向。

文化是科技发展的骨架和方向,对于每个时代的科技发展有着指引作用。社会的突破和发展,有赖于科学技术文化及时、有效地传播,是科技发展的外部条件,它影响着科技发展的速度和程度。稳定的政治局面使得传统文化和科技有可能在继承原有模式的基础上得以发展,但当社会结构发生巨大的变化时,文化和科技总是被中断或者被利用。而社会主要传播手段的突破与发展,势必推动和促进科学技术的创新和变革,每一次传播介质、传播手段的突破,往往会迎来一次翻天覆地的文化大发展。

网络信息高速发展将全球结成一体,更加方便了文化交流,加速了文化融合。由网络这一特殊空间衍生出的网络文化,是一种全新的信息文化,它的兴起是现阶段人类文化的一个显著特征,是现代文化中重要的一部分,甚至渗透到各个领域,生成了新的带有网络特点的文化。这种影响和变化首先表现在对个人的影响上,进而进一步影响到整个社会文化氛围。在数字化、互联网、泛传播的大背景下,微信、微博风行,网上购物交易也使我们的生活和网络联系得更加紧密;并且传播方式上也由过去的点对面的线性传播方式,转换为点对点的网状传播方式。在这种时代背景下,社会文化也受到巨大的影响,每个人都成为信息的传播者和接受者,将媒介与个体生活紧密连接,文化专业性要求不再精细化,知识的体系化和理性化都被降低,更加民主化和大众化,广大群众有了更多的话语权。这种发言时空的扩大,让信息量也随之增大,填满了所有人的生活。为了争取更多的受众,运营者将文化进行"微"整理,以短文、图片、漫画、段子的形式呈现,这种快餐形式让知识文化碎片化,在一定程度上影响了文化传承和积累的完整、深度以及严肃,在方便信息发布的同时,也制造出大量的信息垃圾,并使谣言的传播更加容易,同时也造成文化失衡的危险。文化的一体化、单一化塑造了统一的文化品位,文化的差异性变得不那么明显,快餐文化的盛行,使得我们的品位也趋于统一,民族文化的多样性势必受到冲击。

|参考文献|

[1] 〔古希腊〕亚里士多德. 形而上学[M]. 吴寿涛,译. 北京:商务印书馆,1959(5).

[2] 马克思恩格斯全集(第3卷)[M]. 北京:人民出版社,1960.

[3] 蒋美仕,刘业军,等. 科技与社会互动关系的历史审视[J]. 衡阳师范学院学报(社会科学),2002(4).

[4] 吴国盛. 科学的历程[M]. 北京:北京大学出版社,2002.

第三讲

信息网络时代的大学校园文化

一、信息技术的研发历史

（一）硬件设备的发展

在20世纪的诸多科技应用中，信息技术对人类及社会的影响尤为突出，它使我们的信息处理方式发生了巨大的变化，从根本上改变了现代社会的结构及运作方式。

继以蒸汽机为代表的第一次技术革命之后，人类的知识和信息量迅速增长，数据处理量也越来越大。17世纪法国数学家、物理学家帕斯卡制造出一台手动计算机用以加减法，让机器从事数学运算。之后出现了一股计算机研制热潮，但大多都不是自动计算机。直到19世纪末，美国统计局为了解决繁重的人口统计工作，对手动计算机进行改造，最终制造出第一台电动计算机。在不断研制改进计算机的过程中，德国工程师苏泽制造出一台完全由程序控制的机电式计算机，运算速度得到了很大提升，两个23位的加减法耗时只需0.3秒，乘法只需6秒。

与此同时，1904年英国发明家弗莱明研制出了真空二极管。它是在真空管中的两块金属板，一个是正极，一个是负极，当加热负极时，就有电子流入正极,然后在正极板上加上无线电信号时,通过的电流就随之发生波动。基于这项研究,美国物理学家德福雷斯特在1906年发明了三极管,将电信号的功能放大。紧接着,四极管、五极管相继问世,使可利用电波频率区段得到扩展,电子设备功率也得到大的增加。虽然以锗为材料的第一只晶体管的放大能力更强,但由于成本过高,使用度并不高。直到20世纪50年代初,半导体硅作为晶体材料后,实用晶体管才被大规模普及。由于晶体管体积小、重量轻、耗能低、无须预热等诸多优点,它的问世大大加速了电子技术的发展。

在第二次世界大战期间,美国军方为了制定炮场火力表,需要计算大量的弹道轨迹,这再一次加速了计算机发展的进程,加之晶体管问世后马上就被用于电子计算机的研制当中,大大提高了电子计算机的更新速度。1959年IBM公司推出了第一代晶体管电脑,其计算速度可达到每秒几十万次。越来越多的公司加入了电脑开发的行列,使电脑不再局限于国防、科研等尖端领域应用,而变成了一种独立的消费产业,走进千家万户,为大众所享用,并悄无声息地开始改变着人类的生活。

迄今为止,计算机已经经历了四代,第一代计算机(1946～1957年)主要元器件是电子管,第二代计算机(1958～1964年)用晶体管代替电子管,第三代计算机(1965～1970年)以中、小规模集成电路取代了晶体管,第四代计算机(1971年至今)采用大规模集成电路和超大规模集成电路。每一代计算机在元件、速度和性能方面都有很大的差别。在第五代计算机的研发过程中,人们借鉴了人脑的认知过程,模拟人脑的部分思维功能,开发出与人脑神经相类似的超级集成电路。

(二)互联网发展史

电子计算机的发明使人类认识、改造自然的能力大大提高,个人使用电脑的数量也在飞速增加,围绕着计算机进行的一场信息传送运动也随即展开。

与电脑一样,互联网的产生也与军事有关。1969年,美国国防部为了遏制苏联在太空领域的技术领先优势,部署了"阿帕网"计划,要求对知识资源共享,将不同的电脑连接起来,以方便彼此交换数据,互通有无。最初设计时,只有加州大学和斯坦福研究院等单位的4个节点,到1973年节点成为40个。为了节点的建立,对电脑的配备也开始建立了统一的标准,以方便它们确立协议,保持资料的传送。此后,建造的局域网都是以中央数据存储和处理器为中心,其他电脑只作为终端和连接口,但是这样很容易导致中央处理器受损,网路就会出现瘫痪的现象。为了防范这一致命弱点的出现,美国军方开始思考新的网络模式:完全取消中心,建立两对两连通的网络,这种蜘蛛网式的网络被称为"分布式网络"。

1982年美国国防部把1973年制定的TCP/IP协议作为网络标准,之后不断加入的新网络都依照这个标准。1991年,瑞士日内瓦的软件工程师伯纳斯·李发明了一种在网上交换文本的方式,这就是初期的互联网络平台。随着互联网的壮大,一个网络虚拟的世界也慢慢发展起来了。

二、互联网对社会文化的影响

(一)在互联网时代诞生的网络文化

互联网的诞生和全球化的应用,使我们前所未有地开始生活在一个双重的世界里,网络开启了工作与休闲、文化与技术、艺术与商业的融合,所有人按照网络世界的规则,开始了神奇的旅行。网络世界的非中心思想更适合现代民主思想,每个人在这里都是平等的,信息的无国界将现实的地域间隔逐渐缩小,建造了新的地球村,并以其平等、自主、虚拟的特点让所有人都不再受时间、空间的限制而享受着海量资源,最大限度地节约了成本、提高了效率。我们活在互联网世界,这个世界的特征是,在互联网中一切事物重新存在。

步入21世纪后,时代也在不断发生着重大变迁:经济成分的多样化引发了多样的价值观,社会的信息化、网络化进一步加剧,全球化程度不断加强,国家之间的经济文化交流愈来愈频繁。特别是伴随着网络技术的迅速发展，网络文化以其开放性、快捷性、交互式、虚拟性等特点迅速兴起和繁荣起来。在这个世界里，我们的想象无限放大，丰富程度不亚于现实世界，甚至在某些方面更超越了现实社会。

网络文化是一种全新的信息文化，它的兴起是现阶段人类文化的一个显著特征。网络文化又称赛博文化（Cyberspace Culture）或信息文化，是以计算机技术和通信技术的融合为物质基础，以发送和接受信息为核心的一种崭新文化。广义上讲，网络文化是以计算机为标志的包括生产方式、生活方式、交往方式、思维方式等在内的文化现实。从狭义上说，网络文化指数字化的传播、生存方式及其过程的结果。网络文化有两方面的含义：网络的文化特性和文化的网络形态。网络文化的科技与人文、一元与多元、开放与封闭、自由与规范、利己与利他、虚拟与现实、理性与价值、神性与物性、传统与创新、个人与社会等要素之间的张力，构成了网络文化时代的一系列本质性的悖论和传统道德无法解决的困境。要解决这些悖论和困境，离不开思想、道德、教育、经济、技术、社会、法律、伦理、文化、心理等多种手段的联合互动。

网络文化具有三个基本特征。一是从技术角度看网络文化具有高时效性、面向全球信息的高度开放性、网络交往的交互性、相对于现实的高度虚拟性。二是从文化精神角度看，网络文化具有平等的价值观、创造的个性化、权力的分散化、资源的共享性。三是从知识生产的角度看，网络文化具有消费与生产的共时性。

网络媒体在整体传播模式上趋向小众化和个性化。小众化是相对传统媒体的大众化而言的，网络传播和以前的大众传播几乎完全相左。大众是聚合在一起的人群。每一类人群都有其社会特征，年龄相仿，经历相似，爱好相近……大众传媒据此把人群落化，收罗为自己的传播对象。在大众传播的过程中，受众的个性区别和个人喜好往往被忽略到最小的程度。他们别无选择地接受同样的信息、同样的服务。大众传播形式的最大特点是容易使受众产生同一性的思维方式和思想观念。这就是为什么在大众传媒的引导下，社会上特别容易产生大众化流行的原因。大规模的生产和消费方式为大众社会奠定了物质基础,而大众媒介的传播则使大众社会确立了内在的具有同一性的文化观念。如果说大众传播有助于确立大众社会的文化观念,那么,个人化的网络传播对应的则是个人社会的文化观念。

网络媒体数量众多,网络新闻浩如烟海,其内容丰富且分类精细。网络传播的小众化和个性化主要表现在面对特定人群的分众传播和针对个人的个人化传播,这是网络媒介信息资源丰富和争取受众眼球竞争的必然结果。目前个人传播发展的最高形式是当前许多网络新闻媒体提供的定制"个性化新闻"的服务,网站可根据用户的需求向其发送经过选择的个性化新闻。电子邮件、新闻组、网络社区的个人空间或订阅讨论区等都是媒介为"个别的人"服务的一种方式。

网络成为社会信息的主要传播方式,而相应社会物质条件同时得到满足时,个人化社会又成为社会形态,巨量的信息对人性的形成和人格的变化产生了影响,很多人在网络中容易放弃和降低自律性。比如,网络游戏中的大规模杀戮使有些人的道德感虚化,发表言论的匿名化和自由化减少了道德内疚感……这些都塑造了个人社会的时代特点:

(1)个性化的生存形式。在这个社会中,个性化是最大要求。每个人都有自己的思想、行为,不愿受外界压力支配。目前网络传播中的一个现象可能成为这方面的例子:网站提供页面结构重制技术,供网民设计"自己的页面"。如易趣、雅虎等网站推出"my"服务,网民可以只接收和自己相关的信息,不用去管别人的事情。而这种个性化形式在个人化时代里,显然也不局限于网络传播,在现实世界中必然也将大量存在。

(2)以满足个人兴趣为要旨。个人化社会的中心是个人的存在,因此,个人兴趣、爱好的满足是第一要务。这一点同样已在网络传播中得到印证。但由此引出的问题是,过于关心个人兴趣可能会减少人们对公众事务的关心,蜷缩到个人的狭小天地中。

(3)人际关系趋于松散。这一方面是由于个人兴趣差异得到了满足,容易减少集体共同性;另一方面则由于连接整个社会的文化纽带日益缺乏,如"集体性的流行"在个人化社会中可能成为某种过时的东西而不复存在。另外,人们沉醉于网络交往,不断地结识更多的"陌生人",在和他们的交往中花费大量的时间和精力,以至于逐渐疏远现实世界中身边的人,甚至对他们不闻不问。

(二)网络对社会文化的负效应

在以上对于网络所引起的社会文化变迁的讨论中我们发现,技术在这里同样是柄"双刃剑",它为社会带来变革的同时,也为社会敲响了警钟。

1. 个人化和个人主义

网络能使个人意识增强,从而为大众社会走向个人社会奠定基础。可是同时我们也发现,追求个性、满足个人兴趣有可能使个人意识极度膨胀,从而导致以自我为中心的个人主义。而没有了集体文化这一纽带,个人走向个人主义更容易。当然,个人主义是个人化比较极端的表现方式,个人化往前走一步,就有可能成为个人主义。

2. 全球化和地域文化冲突

正如前面所论述,全球信息共享和地域文化冲突是一对不可调和的矛盾。网上有渗透,网上有政治,网上有较量。网络所具有的广泛性、即时性、开放性、共享性、互动性等优势,决定了互联网日益成为意识形态的重要阵地。互联网上各种思潮激荡,从不平静。不少人对由此带来的"文化渗透"忧心忡忡。其实,各种文化形式彼此之间的冲突和融合在当今世界本来就难以避免,网络只不过提供了一种新的传播形式,很难说它是否会成为冲突和融合进程的加速器。事实上,电影、电视、广播、书籍,许多传播媒介都会为受众带来文化冲突的体验。而从历史上看,社会文化的变迁往往屈服于强势文化。这或者是由于某种文化远远高于另外一种文化,或者是由于统治阶级强制其他民族的文化接受自己的文化形式。而目前世界上的各种文化形式并无明显的高低之分,中华文化也是世界上比较重要的一种存在形式。当然,我们仍然需要加强经济和社会文化建设,制定政策法规抵御不利的文化信息渗透,以使本民族文化在文化全球化进程中保持一定的优势。

3. 网络综合征的出现

网络为社会带来现代化的体验,同时以牺牲某些传统传播方式为代价。早在人们开始用电话代替写信的时候,已经有不少人抱怨,电话联系虽然方便,可是写信传递情感的乐趣却大大减少。电视的出现又使人们乐于"蜗居"在家,逐渐减少外出的次数,由此带来的人际交往的乐趣也大为减少。网络的出现使人们长时间守在电脑面前,疏于和熟人联系却乐于和网上的陌生人热谈;电子邮件和微信逐渐代替了电话传播,人际交往首先要过"人机交往"这一关。网络造就了一批"上网成瘾者",他们每天必须花几个甚至十几个小时流连在网络中。他们有的完全沉浸在虚拟世界,将自己等同于自己的虚拟身份,甚至混淆了现实世界和虚拟世界的差别。由于过分依赖网络,造成人际交往缺失,人文精神缺失,产生紧张、孤僻、情感缺乏等症状,表现出不同程度的人格障碍和人际交往障碍,一旦离开网络就无所适从,无法面对真实的社会。现实社会中因迷恋网络导致学业难以继续、精神问题严重的现象在青少年学生中尤为普遍。

4. 新的信息"集权"出现

网络新闻的真实性和可信度较低,信息泛滥与匮乏并存。网络信息技术导致新的信息"集权",在以技术为中心的网络传播中,个人获取或传播信息的能力取决于其社会经济地位和文化程度是否达到一定的程度,以便为他们享受新技术提供可能。和传统媒体相比,网络传播的实现更多地依赖于技术,而技术,又靠经济来提供保障。当生活在大都市的青少年快乐无忧地享受网上"冲浪"时,偏远山区的孩子还不知道电脑网络是何物。网络变成拥有经济和技术实力的这部分人的"特权"。在国际传播领域,网络在加剧全球信息一体化的同时所带来的"信息霸权"也日益凸显。在国际互联网上,网民使用的语言大部分是英语,据统计,美国人在网上的声音比其他所有国家加起来的总和还大得多。尽管有不同文化的相互渗透,但和西方文化的扩张力量相比,这种渗透显得微不足道。信息的单向不平衡流动,形成新的信息"集权"。"一个世界,多种声音"仍然只是人类的一个理想。

5. 自由的悖论

毫无疑问,网络开启了一个言论充分自由的时代,对于个人来说,网络的便利性和匿名性带来了前所未有的自由空间。在网络这个虚拟世界中,每个人都可以以虚拟的身份畅行无阻,再加上对这一新生事物还缺少强有力的管理措施,使得"意见的自由市场"有时竟然变成一些人任性妄为、传播虚假信息的乐园。当真实世界用各种检查制度和权衡措施将邪恶挡在门外时,人性中的"恶魔"却迅速地跳到网络空间来寻找温床。散布谣言,网络诈骗;抄袭他人作品,侵犯他人著作权;入侵他人网络,窃取数据资料⋯⋯这些现象自网络诞生之日起,就一直没有停止过。网络时代带来的人们起先为之欢呼的自由已经暴露出诸多弊端,自由与安全缺失如影随形,成为网络传播发展进程中的一把"双刃剑"。

这种虚拟化的世界给人类带来一个严峻的问题:真实的生活被虚无化、真空化。我们的生活越来越依赖电脑,通过电脑的使用释放了手脚,可是一旦机器出现故障,后果势必是影响巨大的。

(三)网络文化对大学文化的影响

网络文化克服了主、客观的分离,使现实文化与虚拟文化相兼容。在网络文化之前,文化的传播者与接受者之间是一种教育与被教育的关系。而在网上,受众一方面可以根据自己的喜好点击某一信息;另一方面受众也可以作为简单的传播者表达自己的意见。这种传播特征脱离了传统的主、客观的分离,使受众有一种对网络的亲近感。同时,在网络世界,人们可以遵循网络规则,畅所欲言,开诚布公,形成了网上虚拟文化与现实文化的并存与兼容。

据中国互联网中心(CNNIC)公布的统计数据显示,截至2013年12月底,中国网民人数近7.64亿人,其中,青少年网民规模已达2.56亿,占全体网民的41.5%,而大学生占绝大多数。在"一网盖天下"的当今时代,网络文化不仅仅携带着自身特有的价值和意义渗透到人们生活的每一个角落,并以"非常"的力量支配着人们的行为和观念,而且渗透进了大学校园的每个角落,逐渐成为大学文化的重要组成部分。

互联网文化加剧了社会各个层面结构的变化,大学文化已经无法保持原有的封闭性和独立性。它"推倒"了大学的围墙,使不同的思维方式、价值观念和行为方式都呈现在人们的面前,极大地丰富了大学文化的精神内涵。网络使大学文化走出"深闺",也使社会文化融入校园。网络使社会文化在校园里的辐射不断扩大,信息、新闻的传播速度让校园变得更加活跃。这种文化信息传递是双向的,网络不仅仅使社会文化对校园更直接、多渠道地融入,且校园外部文化经由网络,也被快速传播,产生影响。当前高校工作者(行政人员和教师)面对的是一群在网络"新文化"背景下成长的"新生代"群体,相对而言,教师在掌握电脑知识和运用网络技术方面还是落后于学生的,因此教育者和被教育者的地位在某些方面被逆转。另一方面,技术进步都会带来新的文化信息传播形式。过去信息传播主要是依靠报纸、电视等传统媒体,传播形式单一,与观众没有互动,是一种单向渠道的传播。如今网络盛行,微信、微博等互联网信息发布平台种类多,并且与受众互动频繁,个人表达见解更直接。信息传播的速度和辐射量催生了新型的文化,这种文化传播的方式,让普通人群获得了话语权,使大众思维更加活跃和积极。大学作为文化的汇聚地和创新地,将社会文化和大学文化融合成一种新文化,这种新文化又通过教师和学生日常生活、学习体现出来,并不断发展。

1. 网络对现代师生关系的影响和对大学思维的改变

据针对大学生网络使用及其所受影响的调查发现,"90后"大学生虽然身处开放的网络信息环境之中,信息虽良莠不齐,但其思想主流还是积极健康向上的。高校教育管理工作者首先应该正视和承认大学生的思想现状,收起指责、压制等消极的观念，更新教育观念和态度，认识到在网络社会，在"文化反哺"现象下，年长一代需要向年轻一代学习，使得高校"教"与"学"成为一个双向的渠道，让高校管理和教学工作能够从容应对这个时代的挑战和机遇。

现实给传统的管理思维和教育模式带来了强烈的冲击。从收音机发明后产生的广播函授方式，到如今互联网与教育融合后产生的"慕课"，快速发展的网络使得教育方式发生了逆向性的转变，打破了传统的师生关系，颠覆了师生关系的等级性，原本自上而下的师生关系越来越趋于崩裂，学生极力挣脱被控制的束缚，传统的"师道尊严"受到了前所未有的挑战。网络文化消除了传统师生关系的教师中心性，师生之间是一种平等的关系。网络文化削弱了教师的权威性，打破了教师的文化"垄断"和"霸权"，教师在学生面前未必"闻道在前"，失去了对知识的绝对控制力。在这样一个学习环境网络化的"新时代"中，基于网络强大的通讯功能，学习资源的数字化促使学习方式多样化产生，使教育的受众数量扩大化。例如，远程网络授课，使教与学不再拘泥于传统课堂的授课形式。它丰富了学习资源，使学生可以在不同的地点、不同的时间可以对不同专业知识进行自主学习。此外，大学生的创造力和个人能力在网络上得到了展现的可能。如电商创业的运作、各类设计项目、网络科研等都获得了展示的空间，这是传统课堂不能提供的。丰富的网络资源和强大的传媒力量，让从小就接触网络的"90后"拥有快速、准确查找知识的利器，教师与学生不再仅仅是知识传授者与被动接受者的关系，而是"跷跷板式"的相互合作的关系。教师已不再拥有绝对权威，学生吸收新技术与新文化的能力可以"反哺"教师。由此可见，传统师生关系已改变，在一定程度上，影响了大学原有的文化生态秩序。"师不必贤于弟子，弟子不必不如师"，其核心内涵即两者为平等的互相学习体，而"文化反哺"正是我国这一传统教育思想的现代演绎。时代的发展和进步导致传统的师生关系必然发生变化，其深层次的原因就在于网络解构了传统的师生关系，使教师和学生的概念发生了质的变化。教师应当清楚地认识到新形势下师生关系的变化,重新定位新形势下的教师角色。蔡元培先生"兼容并包,思想自由"的治学原则,仍可以用于解放今日这场教育思维固化的"战斗"上。互联网的发展与教学之间的关系不是替代,而是提升。当前高校工作者(行政人员和教师)面对的是网络"新文化"背景下成长的"新生代"群体,因此,更新教育思想,转变教育观念,不断地通过网络学习、终身学习来优化自身的知识系统,以自身的人格魅力和学术水平使学生在潜移默化中对其形成自觉认同。这才是教师观念在"双新"时代下的正解。

2. 网络文化对大学管理文化的影响

随着"双新"时代的到来,教育环境的改变促使高校学生管理工作也在做出相应的改变。在教育管理工作的创新尝试中,不少教育学家根据目前教育市场特点引入互联网思维,提出"以生为本、突出个性化"的管理理念,使教育管理平台变得更开放,更贴近社会需要。传统的高校学生管理工作中,高校行政人员往往都是通过辅导员这一渠道获得学生信息,或发布学校的管理决议。然而身处网络时代的"90后",不论是信息获得还是人际交往都是通过互联网。传统的管理方式导致信息获取滞后,信息流通不畅,很多通知不能及时准确传达。且学生对学校的管理工作没有反馈发言的渠道,他们的要求和主张不能得到积极回应,因此管理工作的效果不能得到保证。其次,目前高校管理形式落后,难以吸引"90后",学生参与学校管理实务只能被动领命执行,难以实现自我管理。转变固有管理模式,顺应时代和受众特点也是当前学生工作的重点。

高校可利用网络低成本、高效率的特点来促进学生工作,主动搭建网络平台,设置微信、微博等信息公布、沟通平台,从课程考试的安排到文献资料的查阅,通过互联网共享,拓展网络新阵地,加强互动,增强大学生参与学校建设和自我管理的责任心,满足其渴望得到关注和认同的心理特点,也让高校学生管理工作变得生机多彩。互联网思维管理不是只搭建网络互动平台即可,它更侧重如何运用互联网思维中的跨界思维、用户思维等思维方式去重新思考教育管理。

在新文化环境中,学生乃至整个社会对于教师职责的期许已经转变为越来越少地传递知识和越来越多地激励思考。基于社会信息环境和后现代教育发展的要求,教师应完善和提高自身的信息素养,辩证地认识信息技术对师生关系产生的影响。受网络思维影响,"90后"学生在学习习惯上更多地采取"碎片化"学习,跨领域信息搜集能力强,但其局限是不能对知识信息进行系统分析解读。教师可以充分利用互联网的便捷功能,掌握学生思想动向和学习爱好,有目的地整理资源进行数据分析,适时地改变课程内容,不仅弥补学生"碎片化"学习的弊端,同时也扩展自身的能力和知识存贮量。此外,教师对于信息应具有一定的处理能力,如对信息进行有效的加工、存储、管理以及利用,运用适当的方式呈现信息、发表观点、交流思想、开展合作;并且学会利用信息技术以及大数据的预测功能对学生的表现和特点进行科学精准的分析,使教学内容和手段能真正做到以学生为中心,满足学生的需求。在传统的自上而下的授课方式中,学生对教师的认识具有很大局限——只是一门课程的代表。但在新型师生关系中,教师不再绝对掌握知识,信息的开放让自上而下的传递式的师生关系也变得平等,适时地以"学习者"的身份出现,有利于教师的真实展示,从知识到涵养乃至性情对学生进行全方位的积极引导,让教育更人性化,令技术无法替代。教师还应根据自己的职业特色与需求,掌握一定的信息资源开发能力,扭转教育理念,树立自己的教育品牌,使课程内容与自己的情感态度"紧密结合",要以自身的人文品质、思想感染学生、影响学生,使自己成为一位顾问、一位交换意见的参与者、一位帮助发现矛盾而非拿出"现成真理"的人,懂得"亲其师,信其道",懂得学生选择的不是一门课,而是一种价值观。

3. 网络文化对大学生活的影响

网络开辟了新的时代,大学生的文化消费问题也备受关注。网络对人们的影响已经渗透到日常生活中。网络文化消费倍受大学生青睐,这给大学校园的消费文化带来了新的影响,各种购物外卖APP,可以让学生足不出舍,享受便捷服务,对于他们的生活和学习习惯都有很大的改变。由于每一个人的成长环境、性格不同,大学生的消费行为各不相同。大学生正处在充满活力的阶段,对各类新事物充满好奇,追求刺激,网络上的各类信息对其影响深远。受到经济全球化及多元文化等因素的影响,网络文化消费在推动社会发展的同时,也带来负面作用。不良网络文化信息的蔓延极大地影响了大学生的健康成长,因此教育工作者有必要对大学生的网络文化消费行为进行合理引导,让大学生在优秀文化的熏陶下提高文化素养,帮助其在健康的网络文化消费过程中形成正确的人生观和价值观。

参考文献

[1] 〔加〕克劳利. 传播的历史:技术、文化和社会(第五版)[M]. 董璐,译. 北京:北京大学出版社,2011.

[2] 蔡劲松,等. 大学文化理论构建与系统设计[M]. 北京:文化艺术出版社,2009.

[3] 申作青. 当代大学文化论[M]. 杭州:浙江大学出版社,2006.

[4] 刘金同,宫淑芝,陈文新. 大学生文化修养——21世纪全国高校通识课规划教材[M]. 北京:北京大学出版社,2008.

[5] 汪启富,滕小玲,高利明,等. 传播媒体和信息技术学习指导[M]. 北京:北京大学出版社,2004.

[6] 王菁华. 论传播技术变迁对社会文化的影响[D]. 沈阳:东北大学,2006.

[7] 安雯. 大学生网络文化消费状况研究[D]. 太原:太原理工大学,2011.

[8] 王菁华,梁园. 网络新文化背景下高校对90后大学生管理工作的探讨[J]. 高校辅导员,2015(12).

第四讲

信息素养文化是什么

一、信息伦理道德

科学家预计在 2020 年,全球数据量将激增 44 倍。这么庞大的数据规模,将导致信息利用和网络安全问题增多,公众对隐私权利的诉求也会不断增加。海量的数据处理虽然有一定的隐私性,但由于数据挖掘和利用技术存在漏洞,有可能导致信息流失、黑客攻击等问题,甚至会造成经济损失。

除了以上所述宏观层面以外,在个人层面上,网络信息的个人道德问题,如侵犯知识产权、非法存取信息、信息责任归属、信息技术的非法使用及授权等,以及由网络信息引起的社会伦理道德问题,都难以定义、解释和调解。那我们该如何理解信息技术伦理道德呢?

道德作为人类为自己建立的主观意志的法则,植根于人的存在,以善与恶、正义与非正义、诚实与虚伪等来评价人的行为,通过教育和社会舆论的力量,使人们逐渐形成一定的信念、习惯、传统而发生作用。科技的发展推动着人类社会物质文明和精神文明建设,尤其是 20 世纪后期,科技研究更倾向于物性研究,使得我们以信息为内容的生活生产要素越来越多,改变了人类生活的方向,促使人性的全面展现,甚至产生了更多的心理问题,而这些心理问题的多样性、复杂性使人们长期共同凝聚的价值观念、伦理道德观念以及生活方式和行为方式受到强烈冲击。纯粹的科技理性成为最高的意识形态、科技也成为人们的全部生产和生活方式即人的存在方式的时候，人的内在生命意义就极易被遮蔽甚至丢弃。而关于信息技术理论道德，可以理解为：在信息社会中，人们借助现代信息技术发布、传播、获取、开发利用信息的各种道德准则，是调整个人与个人之间以及个人与信息社会之间关系的行为规范的总和。

网络中的信息如同一把"双刃剑"，一方面，丰富的网络信息开辟了传统伦理道德教育的新渠道、新机遇，拓宽了伦理道德教育的新空间和新阵地；另一方面，信息污染、信息垃圾给传统的道德教育带来了严峻的挑战和消极影响。信息技术伦理道德同传统伦理道德一样，也具有社会性、历史性和民族性等。传统伦理道德关系中，大多为面对面的直接关系，而以信息技术作为中介，人与人之间的关系并不么直接，道德舆论的承受对象十分模糊。

在当前状况下，信息理论道德至少要包括以下几个方面：

（1）具有高度的社会责任感。有许多网络犯罪者缺乏社会责任感，出于自我表现和恶作剧的动机而犯罪。

案例：19岁的小A，刚刚进入大学。每天教室宿舍两点一线的生活让他觉得很枯燥。有一次，在上课路上听到有两个女生小声说在宿舍门口有个女生在哭……小A就一时兴起，发挥自己想象力，编造了一个女大学生在宿舍门口被强行拉进一辆面包车的绑架事件发到了自己微博上，并分别@了很多当地媒体的官方微博，最后导致各个媒体纷纷报道转载，造成了巨大的社会舆论。后经当地公安局和学校调查事实澄清，才避免了事态的进一步恶化。事后小A因无端造谣，在网络散布不实信息，引起群众猜疑恐慌，涉嫌发布谣言和扰乱公共秩序，被校方开除，同时承担相应的法律责任。

（2）遵守网络规则和网络礼仪。2001年11月22日，为了推动网络道德建设,进一步提高青少年道德水平,团中央等部门正式推出了《全国青少年网络文明公约》。

> 要善于网上学习,不浏览不良信息。
> 要诚实友好交流,不侮辱欺诈他人。
> 要增强自护意识,不随意约会网友。
> 要维护网络安全,不破坏网络秩序。
> 要有益身心健康,不沉溺虚拟时空。

(3) 尊重个人隐私权。

案例:5月22日上午,某论坛上一名网友发表了题为"偷拍公交见闻"的帖子,并上传了4张未经任何处理的照片。图片的内容是一名孕妇挺着大肚子站在公交车上,她身边3个座位上坐着3名男子,这3名男子不是低头,就是把头扭向窗外,没有人给孕妇让座。孕妇就用自己的手机拍下了这一幕,照片中,3名乘客的面部被曝光。该网友(也就这名孕妇)没有做更多评论,只是在照片最后写了一句:"真给青岛男人丢脸!"这个帖子发出后,一时间成了论坛最热的帖子。网上言论一方面谴责乘客冷漠,另一方面谴责孕妇侵权。一名当事人因为被曝光,被单位解除合同(正在试用期),该当事人直接找孕妇要求赔偿。有律师认为,"在这件事中,孕妇并非将别人的照片善意地使用,也没有征得当事人的许可,就将照片公布,肯定是侵犯了当事人的肖像权。就算是小偷,你也无权随便在网上贴照片来谴责。"

(4) 知识产权的保护。由于信息网络的自由开放性,任何人都可以在网络上发表作品,因而在网络世界中剽窃、抄袭他人作品发表的现象很多。因此,不窥探他人的文件、不使用和拷贝未付费的软件、未经许可不使用别人的计算机资源等是重要的网络道德态度。美国计算机伦理协会为此制定了"计算机伦理十诫"：

①你不应该用计算机去伤害他人；
②你不应该去影响他人的计算机工作；
③你不应该到他人的计算机文件里去窥探；
④你不应该用计算机去偷盗；
⑤你不应该用计算机去做假证；
⑥你不应该拷贝或使用你没有购买的软件；
⑦你不应该使用他人的计算机资源，除非你得到了准许或者给予了补偿；
⑧你不应该剽窃他人的精神产品；
⑨你应该注意你正在写入的程序和你正在设计的系统的社会效应；
⑩你应该始终注意，你使用计算机时是在进一步加强你对你的人类同胞的理解和尊敬。

（5）不传播、迷恋网络上的"黄""毒"信息。

二、大学生信息伦理道德教育

德国精神分析学派代表人物弗洛姆认为，在人类的思想发展史上，很多学者都是从心理学的角度去发现人的道德行为本质。心理学作为研究"人"的基础学科，是对人自我本性、情感、意识和行为研究的科学，不仅仅能揭示道德伦理的判断，而且还可以成为建立道德伦理规范的基础。任何道德问题都可以诉诸人的心理问题，因为只有了解人的整体人格和心理结构，才能理解人的德行。大学时代正是大学生人生观、价值观形成时期，加强大学生信息伦理道德教育应从以下几方面着手。

（1）加强大学生的民族传统美德教育。道德是人类文明程度的重要标志，道德传统是民族特色的体现，又是民族凝聚与发展的精神动力。我们中华民族具有5000多年的悠久历史,又是礼仪大国,祖先给我们留下了诸如"推己及人""己所不予,勿施于人""先义后利"以及"仁者爱人"等传统美德。在网络信息良莠不齐的今天,对大学生进行伦理道德教育,加强民族传统美德教育,弘扬中华传统伦理精神,具有更深远的意义。

(2)培养大学生尊重他人、尊重权利和尊重网络信息公共生活准则的道德态度。尊重他人的道德态度主要是指不以行动伤害他人身体与财产、不以言词伤害他人的人格尊严。网络信息的有序形成有赖于用户之间的相互尊重,在聊天室、BBS等公共场所,都需要这种尊重他人的态度。尊重他人权利意味着尊重他人的人身权利、名誉权利、知识产权以及思想和信仰权利,等等。在网络信息生活中,尊重他人权利实质上是一种相互承诺的道德态度。

(3)培养大学生个人利益和社会利益相结合的社会责任感,树立对他人负责、对社会负责、对历史负责和对未来负责的思想行为规范,这是大学生伦理道德教育的一项重要内容。信息网络时代,大学生应该顺应时代潮流,不应该在公共场所做出引起混乱或造成破坏的行动,不应该有意造成网络交通混乱或擅自闯入与网络相连的其他系统,等等。

三、信息知识

信息知识是指与信息有关的理论、知识和方法,包括信息理论知识与信息技术知识。大数据的开放与共享给每个人、每个国家都带来了大变革和大机遇。在这样的环境下,对信息使用者的个人素养也提出了更高的要求。信息知识是信息素养教育的基础,我们只有认识信息本身,才能更好地辨别信息,获取、利用信息。

(1)传统文化素养,包括读、写、算的能力。尽管进入信息时代之后,读、写、算的方式发生了巨大的变革,被赋予了新的含义,但传统读、写、算的能力仍然是人们文化素养的基础。信息素养是传统文化素养的延伸和拓展。在信息时代,必须具备快速阅读的能力,这样才能有效地在各种各样、成千上万的信息中获取有价值的信息。1997年2月,时任美国总统的克林顿在国情咨文演说中提出的美国教育在2000年应达到的四个目标之一,就是让每一个八岁的儿童能阅读。很难设想,一个人连基本的读、写、算能力都不具备,怎么会有敏锐的信息意识和很强的信息能力,怎样步入信息时代接受互联网中的信息呢?因此即使在信息网络时代,传统文化素养能力仍是基础。

(2)信息的基本知识。包括信息的理论知识,对信息、信息化的性质、信息化社会及其对人类影响的认识和理解,信息的方法与原则(如信息分析综合法、系统整体优化法)等。

(3)现代信息技术知识。包括信息技术的原理(如计算机原理、网络原理等)、信息技术的作用、信息技术的发展及其未来等。

(4)外语。信息社会是全球性的,在互联网上有90%的信息是英语,此外还有其他语种。要相互沟通,就要了解国外的信息,表达我们的思想观念,也要求我们每个人应掌握1~2门外语,适应国际文化交流的需要。尤其是英语,从软件编程到使用都以英语为基础。

这一次的技术变革比人类历史上的任何一次技术革命都伟大,短短数年之内,互联网、物联网、云计算、智慧城市都在一定程度上依照着"摩尔定律"飞速增长。我们对信息的组织和利用不断在发展,由知识资源环境、基础网络环境、终端设备和用户共同构成一个有机的动态系统,可以在任何地方、随时使用手边取得的信息知识来进行学习活动。而这个环境中的知识信息也具有一定的特点:在这个环境里,知识处处存在,不再像传统的信息来源主要是图书馆、情报机构及信息服务部门,类型以图书、报刊、研究报告为主。比如第13次全国国民阅读调查报告显示,"公民日均手机阅读超过1个小时",手机阅读越来越成为一种现代化的生活方式。这种在线阅读的方式比传统阅读内容更丰富,趣味性也更强,并且降低了阅读成本,更加低碳环保,也更为便捷。当然,这种阅读也存在泡沫化、肤浅化的倾向,应尽可能摒除这些弊端。虽然在大数据时代,信息知识空前丰富,但这些海量知识信息是条目式、碎片式的,不完整,不深刻,零散分布在各个不同地区、不同系统,同一业务的不同环节的信息也零碎地保存在不同地方,无法帮助个人建立知识结构,形成体系。因此,若要对数据进行整理分析,就需要将零散的数据以数据交换的方式整合到一起,根据需要进行集成。

四、信息行为

信息行为指的是所有与信息源、信息交流、信息接收有关的人类行为。信息管理中最重要的问题不是信息的问题,而是人的问题。研究人类的信息行为现象,掌握人类信息行为规律,是信息管理研究的出发点。

"95后"从出生之日起就完全处于大信息环境中,是信息环境中最活跃也是对信息需求最多的人群。"95后"已经成为移动互联网使用群体中的重要一员,并且他们的使用习惯和取向也将影响移动互联网的未来发展,成为引领互联网企业发展的指向标。2015年,百度发布的《"95后"生活形态调研报告》显示,这些"手机一代"有着全新而独特的用网行为习惯(见图1)。

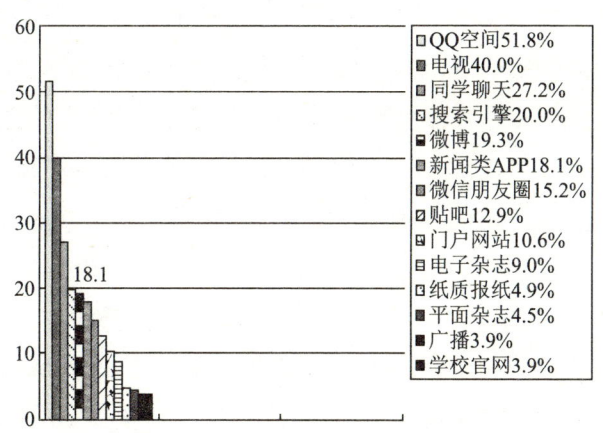

图4-1 "95后"的信息获取渠道

"95后"获取知识的特点如下:

(1)获取行为自助化。不再被动地去接纳信息,而是有选择性地查阅,只要有网络的地方,便可以随时随地地搜索到自己需要的内容,而且这种检索只需要提供关键词。

（2）在选择信息时，阅读者只选择自己感兴趣的内容，阅读范围会越来越窄，获取信息的知识广度有限。从图表可以看出，信息的获取更多的出发点是个人的兴趣爱好和与生活紧密相关的，对于需要从众多信息中选取内容的方式已经较少采用。

（3）获取内容的多元化。多元化的内容和渠道，使他们浸润在大量的信息中，因此也塑造了多元化的价值观。这种多元的价值观和需求并非一成不变，为争取更多的用户，互联网信息公司都在密切关注其动态。

这些获取信息的行为将成为未来社会主流的网络信息特点。

但在信息量空前巨大的今天，信息大多以碎片化的形式出现，如何去提炼这些碎片化的信息并加以利用，是我们迫切需要解决的。

那什么是碎片化信息呢？碎片化信息通常是一些事实的集合，但逻辑性不强，往往大量简化了推演过程，只呈现结果，并将多路径简化成单一路径，使得结果并不严谨、全面。简而言之，这些碎片化信息是为了降低大众读者在快速阅读时的认知成本，更便于随时随地地学习。但是这种传授的方式，并不会增加你的个人能力和智慧，获取的知识都是以"点"的方式呈现，将复杂的事物简单化，只告诉你表面上的东西，却难以知其原理和事物之间的联系，不会让人建立完整的思维体系，长此以往容易变得思维狭隘，难以进行复杂的思考。

我们所说的"知识"，由两部分组成：一是事实（或称为"观念"），二是联系。事实就是一个个点，联系则是把点连接起来的线，它们所构成的网络，就是我们的知识结构。事实决定了你的知识广度，联系决定了你的知识深度。如果你了解事物之间的联系，即使你只知道 ABC，你也可以根据这三者的内在逻辑，得出 DE，甚至 F，这个过程就叫作思考。但如果你不了解它们的内在逻辑，即使你知道 ABCDE，你也是没办法得出 F 的——你不知道需要把它们放在一起，更不知道放在一起之后它们能够呈现出怎样的内在逻辑关系。

当我们接受碎片化信息时，我们实际上是在扩充事实，但并没有增加联系。长此以往，会使我们的知识结构变成一张浮点图：孤零零的知识点漂浮在各个位置，却缺乏一个将它们有序串联起来的网络。面对这些孤零零的知识点，我们怎么样才能让学习体系化，效果更好？可以先花一点时间，建立自己的知识体系。找到知识网络的触点，即自己感兴趣的但尚未进行探索和了解的知识点。阅读、学习的时候，有意识地去接触这些触点的知识，延展自己的知识网络。最好的方式，是将网络上的孤立的知识点作为起点。如果你觉得一个知识很有趣，就以它为出发点，去探索它背后的原理、背景、应用，去查资料，顺藤摸瓜。这个知识点本身是没有太大价值的，有价值的是你去探索的过程。你经过探索了解到的东西，才能纳入你的知识体系，成为你思维的一部分。当接触到一个新的知识点时，先考虑如何将其纳入知识体系。即在脑子里回想你的知识网络，思考新知识点如何跟你已经知道的东西联系起来。找到这个新的知识点跟已经知道的某个点之间的路径，查清楚，将它们连接起来，使这个知识点成为你新的"触点"，拓展你的思维网络。顺着这样的知识点捋一遍，将这两个点之间的联系讲清楚。最简单的办法，就是通过口述、写文章，去教会别人这个知识。或者，在心里把它讲一遍，看是否能够讲得清晰易懂，没有障碍。只有能够输出的东西，才是真正属于你的东西。这个网络就是你已经构建完成的知识网络。

  如果一个东西无法纳入你的知识体系，说明你现在还不能掌握它，那就果断放弃，因为它对你来说是没有价值的，或者说记忆的成本是远高于收益的。读书不用追求"读完一本书"，而应该追求"从这本书中获得了什么内容"。那本书的内容不可能100%对你有用，其中肯定有你不感兴趣的东西，也有你所无法接受的东西，没关系，接受你所能接受的即可。不用要求全部读完。甚至，读一半，放回去，再跳着读别的书，也是很好的方式。读书应该为自己所用，而不是让自己去迁就它。以上种种都需要不菲的时间，但学习本就是一件艰难的事情，所以优秀的人永远凤毛麟角，所谓聪明的人，无非是把走路、等车、休息等更多的时间花在这上面罢了。

五、如何在信息网络时代提高自己的信息文化素养

美国文献家赫伯特对当前人类的信息行为的重要性给予如此评价："知识的一半,是知道到哪里去寻找。将来的文盲不是不能阅读的人,而是缺乏检索能力的人。"在今天,全世界每年出版图书80万种,期刊论文40万余篇,其他文献资料信息400万种,发表科学论文大学500万篇,平均每天14000篇左右,每35秒就有1篇论文发表,每天约有40亿个信息单位的信息量被发送出来。如何在需要的时候能够有效地获取、评价和利用所需要的信息这是当下每个人都需要具备的信息素养。

(1) 加强慎独修养。所谓慎独,就是指在个人独处的情况下,也要谨慎小心,自觉地约束自己的行为,即使在没有人知道、不被别人监督的情况下,也要自觉地不干坏事。慎独是一种主体对于道德的高度自觉,任何时候、任何情况下都要遵循道德的要求。一个人如果能够做到慎独,就会以一种高度的理性自觉约束自己的行为,使自己的行为无论何时何地都符合道德规范的要求。在儒家伦理思想中,慎独既是一种修身的方法,也是一种道德境界。慎独在当今社会,特别是当今信息社会中仍不失其价值。

(2) 开展网络心理健康教育。已往的调查显示有些人已经出现了网络心理障碍或有心理障碍倾向,因此,社会要普及心理健康教育和网络健康教育,教育人们以理智的态度控制上网时间和上网频率,教会人们掌握一定的调控技巧,使人认识到网络是一把"双刃剑",有效利用网络将对工作和学习产生积极的影响。人不要把网络作为自己寻求安慰、自我发泄的虚拟世界。有网络心理障碍的人,不要讳疾忌医,要找专业心理医生尽快进行治疗。网络已经成为当代人们学习、生活必不可少的一部分,应该加强对网络的精神文明教育,将网络技术与道德伦理教育有机结合,让人们在网络世界中找到真正的自我,让人们成为主导网络的高手,不要成为网络的"奴隶"。

(3) 把网络信息伦理教育融入社区工作之中。社区要充分利用自身的便利条件对居民进行信息道德教育,通过各种形式将信息安全、信息道德规范、

信息法律法规等贯穿在人们的日常生活中。从信息需求、信息获取、信息评价、信息利用、信息道德等方面培养人们的信息素质,使人们具有正确的人生观、价值观、甄别能力以及自控、自律和自我调节能力,从而能够自觉构筑抵制不良冲击的"防火墙",抵御和消除垃圾信息及有害信息的干扰和侵蚀,充分调动人们的自觉性和主动性,增强人们上网的法制意识、责任意识、自律意识和安全意识,培养公民的健全人格和高尚情操,树立良好的网络伦理道德。

(4)发挥"榜样"的作用。这里所说的"榜样",指两方面,一是指能够在网上学习健康知识、获益颇丰的典范,让他们起到引导和表率作用;另一方面,我们也要多宣传那些不能正确利用网络信息资源致使自己或家人身体和心理受到伤害的反面例子,以警示大家,潜移默化地影响人们的心理和情绪,间接地影响人们的思想品格和伦理道德的形成。

(5)要大力营造健康向上的网络传播环境。各地区要根据各自的风俗习惯、社会需要,创建一些喜闻乐见、寓教于乐的主流网站。结合网络时代求新、求异的心理需求,大力营造健康向上的主流网站。这些主流网站要牢牢占领网络阵地,并有效抵制西方腐朽文化的侵入和渗透。在主流网站上尽量多地开辟人们需要的版块,如软件下载等实用版块,电影、电视等娱乐版块,读书、欣赏等学习版块,心得交流论坛版块,人文、科技、军事新闻等版块,使网络成为"人机交互"的工具,成为人们交流互动的主渠道。把各地区的主流网站办成图文并茂、丰富多彩、生动活泼的网站,用正确、健康、积极向上的内容把人们的注意力吸引过来,把人们对网络的好奇心转移到正确合理的使用上来,以渗透的教育方式将主流思想和正确的社会准则及价值观潜移默化地传授给人们。

(6)制定行之有效的网络道德规范和网络法律规范。信息伦理不完全等同于传统伦理,传统伦理可以依靠人们内心的自觉和社会舆论来维护。在信息时代,由信息伦理调整着的情感往往较为疏远,人和人之间的直接联系较少,社会监督性较弱。人们在网络世界里,受各自利益关系的影响,或者由于个人的认识不同,难以达到对信息伦理的高度自觉和认识的一致化,不易形成自觉遵循的规范。法律可以建立一种公平的基点,明确责任,制裁网络违法犯罪,保护国家、单位及个人的正当合法权益。法律也是人们进行网络信息伦理行为的一个底线,使人们认识到若超越这一底线,将触犯法律,受到法律的制裁。因此,一方面要通过宣传手段更新人们的思想观念,使其逐步认识到网络上的破坏活动亦是一种不道德、不符合现代社会伦理要求的行为;另一方面通过建立健全切实可行的法律法规及行为规范准则,使人们认识到,在网络的虚拟社会中不符合社会伦理道德的行为达到一定程度,触犯了法律,也会受法律的惩罚。

第五讲

人文素养与科学素养孰重孰轻

一、人文与人文素养

(一) 什么是人文

从"人文"一词的起源与发展来看,"人文"一词,最早出现在《易经》中贲卦中的象辞:"观乎天文,以察时变;观乎人文,以化成天下。"宋代的程颐《伊川易传》释作:"天文,天之理也;人文,人之道也。"从这几句话可以看出,"人文"原是指人的各种传统属性的综合。到了近代,"人文"一词在英文中拼写为 Humanism,译作人文主义,是生活在欧洲文艺复兴时代的人文学者在超越和反对中世纪宗教传统的过程中,将希腊、罗马的古典文化作为一种皈依,用这种办法来回归世俗的人文传统。到了19世纪的欧洲,又出现了人文学科。20世纪,英美的部分大学开始出现人文学科。在《大不列颠百科全书》中的解释为,"人文,是指人的价值,具有重要的意义"。"人文"是潜移默化的、长远的东西。《现代汉语词典》(第六版)解释:"人文,指人类社会的各种文化现象。"

(二) 什么是人文素养

素养,一般是指人们后天形成的知识、能力、习惯、思想修养的总和。所以人文素养是指人所具有的文学、史学、哲学和艺术等人文学科知识和由此所反映出来的精神在人身上的综合体现。

  理解人文素养,首先要遵循字面的内涵表述和组合意义,文字的组合也是理解词义最实际、最便利的途径。人文,在这里当为人文科学(如政治学、经济学、历史、哲学、文学、法学等);而素养肯定是由能力要素和精神要素组合而成的一种综合能力的体现。目前对人文素养的理解,仁者见仁,智者见智。从科学层面上理解,所谓的人文素养,即对人文科学的研究能力、知识水平,以及对人文科学体现出来的以人为对象、以人为中心的精神的理解,是人的一种内在品质和能力的体现。但是从人性角度出发,人文素养则是一种与生俱来并在后天环境中潜移默化、自觉自发形成的良知良能,也是一种发自内心的善(或爱)的表现,是一种自动、自发、自愿的礼让与爱意,是善良与真心的表达。通过这样解释不难发现,人文素养的高低,与个人的学文、识字、知识、技能、学历无必然联系,如果单纯地从受教育程度来将一个人的人文素养分为三六九等,那恰恰是对"人文"含义的曲解。由此可见,人文素养是指做人应具备的基本品质和基本态度,包括按照社会要求正确处理与他人、与集体、与社会、与国家乃至与自然的关系。简言之,人文素养就是指人们在长期的学习和实践中,将人类优秀的文化成果通过知识传授、环境熏陶,使之内化为人格、气质、修养,成为相对稳定的内在品格,其核心就是"学会做人"——如何做一个有良知的人、一个有智慧的人、一个有修养的人。

  人文素养的核心,不仅是驾驭和掌握知识的能力,而且是"以人为对象、以人为中心"的精神表现。其核心内容是对人类生存意义和价值的关怀,属于整个人类发展进程中的细小分支,也是人性发展过程中的高级阶段,只有当社会物质文明发展到一定阶段后,才逐渐成为人类所重视的一种人文系统。按照生物进化的理论来看,人文素养属于人类进化过程中的高级阶段,是一种为人处世的基本的"德性""价值观"和"人生哲学",科学精神、艺术精神和道德精神均包含其中。人文素养追求人生和社会的美好境界,推崇人的感性和情感,看重人的想象性和生活的多样化,主张思想自由和个性解放。

它以人的价值、人的感受、人的尊严为尺度,以人来对抗神,对抗任何试图凌驾于人的教义、理论、观念、进行中的事业及预期中的目标,对抗所有屈人心身的神圣。个人的人文素养的质量是个人健康发展的结果,社会的人文素养质量是一个社会汲取历史经验教训、积累文明成果的结果,是衡量社会文明的尺度,也是社会文明的标志。文明、进步的发展,不可以和人文精神相违背、相脱离。否则,科学技术的发展、经济总量的发展、军事力量的发展、社团组织的发展,都会成为压制、残害甚至毁灭人类的野蛮力量,并且,这些东西发展越快、成就越大,其所制造的痛苦和灾难就越大。

(三)对人文素养的不同理解

对于人文素养的解析,不同的学者持不同的态度。根据字面表述含义,"人文"当为人文知识,如政治、经济、历史、哲学、文学、法学等;而"素养"是由"能力要素"和"精神要素"组合而成的人的内在品质。归结起来,人文素养是指一个人成为人和发展为人才的内在素质和修养。其内涵十分丰富,可分为三个层次。

(1)基本层面——人性层面。尊重人的价值,追求人的幸福和尊严,崇尚自由意志和独立人格;珍惜生命,有同情心、羞耻感、责任感;有一定的逻辑性、个人见解和自制力,做事较认真,思维清楚,言行基本得体。

(2)发展层面——理性层面。有理性思考和好奇心,关爱生命和自然,目标明确,积极乐观,崇尚仁善,乐于助人;重视德性修养,具有超功利的价值取向,有较强的责任感和自制力;思维清晰,做事认真,见解独到,言行得体。

(3)高境界层面——超越性。拥有丰富的心智生活,关注人的心灵与渴望,具有理想主义的倾向,追求完美;有高度的责任心,自觉践行社会的核心价值,意志坚韧;尊重文化的多样性,宽容大度,思维敏捷、深刻,善于创新,言行优雅。

人文素养的灵魂,不是"能力",而是"以人为对象、以人为中心的精神",其核心是对人类生存意义和价值的关怀,这就是"人文精神"。它追求人生和社会的美好境界,主张思想自由和个性解放是它的鲜明标志。人文精神包括科学精神、艺术精神和道德精神。现代人文精神具有时代的特征,它是在历史中形成和发展的由人类优秀文化积淀和凝聚而成的一种内在于主体的精神品格。它在宏观方面汇聚于民族精神之中,在微观方面体现在人们的气质和价值取向之中。

(四)人文素养与人文精神之间的关系

在现实生活中,大多数人把"人文精神"与"人文素养"等同使用,其实这是两个完全不同的概念。人文精神是一种普遍的人类自我关怀,是一种价值倾向和精神风向,表现为对人的尊严、价值、命运的维护、追求和关切,对人类遗留下来的各种精神文化现象的高度珍视,对一种全面发展的理想人格的肯定和塑造。如同具有"达标"的自然科学能力却不见得具备"达标"的科学精神一样,具有"达标"的人文科学的知识及处理人文活动的能力,也不见得同时具备"达标"的人文精神。人文精神是人文素养的根本特征。而缺乏人文素养,失落人文精神,必然会制约个人乃至社会、国家、民族的可持续发展。

确切地说,人文精神与人文素养属于伦理范畴。如果说科技进步带来的是物质层面的富足与发达,那社会的长治久安与和谐进步则很大程度上要依靠人类内化的精神高度和法律条文的规范。作为社会调控体系的重要手段,伦理道德与法律规定共同构成了人的行为规范的内容,社会的稳定发展固然需要各种法律法规的建立和健全,同样也需要伦理道德的完善,尽管后者不是强制性的,但是却能治在根本。作为一种实践规范,人文素养必然对人的社会生活有着强大的作用。尤其是随着改革开放的不断深化和市场经济的迅猛发展,人们面临着拜金主义的冲击、义与利的困惑,道德观念、价值观念也在发生着震荡与转变。然而,提高整个中华民族的道德伦理水平,对于促进社会主义全面健康发展,实现国富民强、长治久安,建设高度民主和文明的现代化国家,都有着不可忽视的重大意义。提高整个中华民族的伦理道德水平,就是提高整个民族的精神道德层次,就是对人文素养、人文精神的深化与促进。时代赋予我们的不仅仅是一个不可回避的现实问题,更是一个不可推卸的历史使命。作为时代的弄潮儿,青年学子站在科技进步的最前沿,有着得天独厚的优越性,是将我国建设成全面健康的社会主义现代化国家的重要组成部分。人文素养的提升有助于整个民族精神文明的建设和发展,因此应重视人文素养的提高,符合时代和社会发展的客观需要。

二、高等教育中提升人文素养的可行性与必要性

20世纪90年代以来,在我国高等教育中加强人文素质教育以提高大学生的人文素养、培养大学生人文精神的教育思想越来越受到人们的重视。早在1995年,国家教委就开始倡导加强大学生文化素质教育,并将之视为进一步深化高校教学改革、提高教育质量的一项重要举措。1995年12月28日,国家教委高教司在北京大学召开的"关于加强大学生文化素质教育报告会"上,时任国家教委副主任的周远清指出:应努力提高大学生的文化素质,认为"加强学生的文化素质教育,更应当成为我们面向21世纪改革高等教育的一个重要的思考问题"。1998年,教育部又推出了加强高校学生文化素质教育的新举措,在北京成立了高等学校文化素质教育指导委员会。随后,又在一些普通高校设立了国家大学生文化素质教育基地,同时,一些著名的专家学者也都积极地呼吁加强大学生的人文素养。可见,无论是教育管理部门,还是社会舆论,都为高校文化素质教育的开展创造了良好的发展条件。

(一)人文素养的提升是培养优秀人才的必要条件

人文素养教育是通过优秀的人文文化实现的,而优秀的人文文化则是在历史的长河中通过不断的积累、提炼和升华而逐渐形成并随着人类社会的发展而发展的。在当今时代,以优秀的人文文化来武装大学生的头脑、陶冶大学生的身心具有重要的意义和作用。

首先,通过人文素养教育能够丰富大学生的精神世界,培育民族精神,增强精神力量。建设有中国特色的社会主义,实现中华民族的伟大复兴,需要

全社会共同培育一种强大的民族精神以增强我们的精神竞争力,这是克服腐朽、消极的人生观和价值观,推动我国社会全面进步与发展的重要法宝。因此,通过加强大学人文素养教育,可以丰富大学生的精神世界,培养学生对世界、对民族、对社会、对人生的理性认识,从而大大增强新一代大学生的精神力量,这对于推动民族凝聚力和向心力的形成、增强我国的综合国力必将起到积极作用。

其次,加强人文素养教育,有助于培养大学生的人文精神。人文精神是人类为争取自身的生存、发展和自由,以真、善、美的价值理想为核心,不断追求自身解放的一种自觉的文化精神。人文精神是人类社会发展的强大精神支柱,是民族精神守护的不朽长城。与强调知识和科学本身价值的理性精神不同的是,人文精神强调追求和运用知识时的良知、责任感和价值观,而这恰恰是保障社会全面健康发展的重要因素。通过加强大学人文素养教育,不断将人类优秀的文化成果内化为青年学生相对稳定的内在品质,这是培养其人文精神的关键环节。

再次,通过人文素养教育,可以丰富大学生的内在情感,促使其情感智慧的提升。情感智慧主要是指个人对自己情绪的把握、对他人情绪的揣摩以及对人生的自我激励、面临挫折的承受能力和人际交往技能等,反映的主要是人的素质的核心内容,或者说它主要是把对人的素质要求的某些方面更加具体化。从某种意义上讲,情感智慧对人的成功起着决定性的作用。而人文社会科学,尤其是优秀的文学艺术作品本身就是"情感的符号形式,艺术家掌握了创造艺术符号形式的本领,把无形的内在情感,变成了可供人感知、观赏的东西"(蔡运桂《艺术情感学》)。因此,通过加强人文素养教育,可以促进情感智慧的提升,意义重大。

最后,当今世界普遍存在着重科技、轻人文的倾向,加强人文素养教育将在很大程度上减少目前由于教育的过度专门化所造成的科学与人文的分裂,改变各专门人才的"单向度"倾向,使得21世纪高校所培养的学生既有科学素养,又富人文精神;既有专业知识,又有健全人格。这将是我国走向真正意义上的现代文明的可靠保证。大学生人文素养教育已成为当代大学生素质教育不可缺少的重要组成部分,它与政治素质教育、科学素质教育及身心素质教育等同等重要,因此必须予以充分的重视。我们应高度认识人文素养教育的重要意义和作用,不断实践,努力探索,推动高校人文素养教育不断向前发展。

(二)人文素养的提升对提高人才的综合竞争力有着重要作用

社会的进步,科学技术的发展,对教育提出更高的要求。但是在传统的应试教育的影响下,科学教育和人文教育长期分离,大学教育存在"过窄的专业教育、过强的功利主义倾向、过弱的人文素养"的状况,为此要更新教育观念,加大教学改革力度,调整课程体系,鼓励提高综合素质。随着社会的不断发展,高等教育必须更好地适应社会的政治、经济和文化需求,加快改革与发展,充当好科技发展的"动力源"、经济增长的"促推器"和社会变革的"智囊团"。因此,高等教育必须走科学与人文相融合的道路,将大学发展成为传递科学知识与体现人文关怀的高层次人才培养基地。目前高等教育已经进入大众化时代,当今社会的人才竞争是专业知识和人文素养的综合竞争。人文教育是提高学生综合素质、促进其可持续发展的重要教育活动。为此,世界各国越来越重视人文教育,提高人才的竞争力。

(三)人文素养对个人发展的作用

从个人层面来看,一个人的精神世界有三大支柱:科学、艺术、人文。科学追求的是真,给人以理性,使人理智;艺术追求的是美,给人以感性,让人富有激情;人文追求的是善,给人以悟性,人文中的信仰使人虔诚。人们的多元化发展,一方面有赖于科学乃至科学教育提供物质财富,另一方面更需要人文教育提供人文素养与精神财富。从一定意义上讲,追求人的价值取向乃是生命意义的真正所在。同时,知识经济所需要的创新人才不仅要有高水平的思维力,还必须有创造的激情、动力与无私无畏的奉献精神。因此,科学教育与人文教育的融合,正是满足个体发展过程中物质与精神需要的客观要求。

杨叔子院士说，文化素质教育的核心是科学与人文的交融，重点是民族文化的教育。现代文化素质教育就是为做人、做中国人、做现代中国人奠定基础。2004年11月召开的世界工程师大会，一直强调现代工程师要学人文，要提升工程师的人文素养。英国皇家工程院院长布鲁斯爵士提出，高级工程师、高级技术人员要有广阔的知识基础，必须把人文科学和社会科学融进工程技术中。如果不懂得人文，必定会走向很危险的路。"科学""实用"与"人文""理想"是人类生存和发展不可缺的两个价值向度。二者的根本区别在于："科学"重点在如何去做事，"人文"重点在如何去做人；"科学"提供的是"器"，"人文"提供的是"道"。只强调其中一方面，就会给人们带来麻烦。人文知识教育到人文精神的内化是一个长期的过程，是通过人文知识对人的濡染与涵化，训练人文思维，提高人文能力，培养人文精神，最终达到人的全面、可持续发展。无数事实证明，只有依靠人文精神，才能驾驭科学技术，使之为人类和社会进步服务。如果科学技术背离了人类共同遵守的道德规范，就会产生消极影响。自然科学主要是依靠逻辑思维，而人文社会科学主要是依靠形象思维，培养良好的人文素养可使大学生进行两种思维方式的互补训练，形成全面的知识结构，这对于大学生创新思维的培育具有良好的促进作用。事实证明，超一流科学家身上蕴含着超一流的人文素养。那些为人类历史发展做出过卓越贡献的伟大科学家，他们对人类的贡献，不仅在于科学本身，还在于他们伟大的精神力量和可贵的品格。因此，大学生培养良好的人文素养，将关系其所学专业所取得的成就，并为创新思维的培养和开展创造性活动打下坚实的基础。

三、科学素养与科技力量

（一）人类社会的发展离不开科技

大约在450万年前，人和猿开始分化；大约300万年到150万年前，人类开始直立行走，开始制造简单的石器作为生产工具；大约在200万年到30万年前,人类制造出简单的旧石器,并且开始使用自然界的火源;10万~20万年到5万年前,人类开始逐渐脱离猿猴的特征,并且逐步创造出属于人类自己的文明。曾经有学者指出,人类社会的发展离不开三大发明,并在此基础上分为三个时代。一是火的使用。纵观人类演变的历程,火的使用彻底改变了人类的饮食方式和生活习惯,让人类告别了茹毛饮血的荒蛮时代,可以说,人类对火的利用是人类文明的第一步。二是以铁器为代表的农业生产工具的发明和使用。在铁器发明之前,人类的农业生产工具经历了石器时代、新时期时代、青铜时代,相较于铁器而言都显得极为笨重和粗糙,铁器的发明推进了人类文明前进的速度,扩大了人类的生活半径。通过铁器工具的使用,人类利用自然和改造自然的能力有了显著的进步,形成了多彩的农耕文化。第三是以蒸汽机的发明为起点和标志,引发了第一次工业革命的浪潮,从此人类开始步入工业文明时代。各种自然资源结合,产生了光与电,产生核能,等等,这一切使人类获得了持续发展的动力,卫星、火箭、航空飞船形成了绚丽的画卷。现如今,许多科学难题逐一破解,而这一切离不开科学的力量。

科学技术是人类认识客观规律和应用客观规律改造自然的知识与能量的结晶。盘点历史我们不能不感慨科学技术给人类生活带来的巨大改变,科技繁荣把人类从愚昧落后带到文明时代,并将继续以无法估量的力量改变人类的未来生活。网络技术、基因技术、纳米技术等都预示着科技将更紧密地与人类的日常生活结合在一起。科技,顾名思义是科学和技术的结合,或者说是有关于科学的技术。而人类的科学素质,即对科学知识、科学技能的驾驭和利用则决定着人们未来的生活走向和生存质量。

(二)什么是科学素质

"科学素质"一词译自英文 Scientific Literacy,是1952年由美国教育改革家科南特首次提出的。在我国,科学素质也称科学素养。目前对公民科学素养含义的理解和表述,随着社会和经济的发展不断变化、更新。由于对科学素养的研究尚处于完善阶段,国际上普遍将科学素养概括为三个组成部分,即对于科学知识达到基本的了解程度,对科学的研究过程和方法达到基本的了解程度,对科学技术对社会和个人所产生的影响达到基本的了解程度。只有在上述三个方面都达到要求者才算具备基本科学素养。目前各国在测度本国公众科学素养时普遍采用这个标准。

中国科学技术协会2010年11月25日对外发布第8次中国公民科学素养调查结果称,"十一五"期间中国公民的科学素养水平明显提升,2010年中国大陆(不含港澳台地区)具备基本科学素养的公民比例达到3.27%。结果表明,如今中国公民科学素养水平相当于日本、加拿大、欧盟等主要发达国家和地区20世纪80年代末90年代初的水平。公众科学素养关乎综合国力,在科学技术正日益深刻影响我们生活的今天,一个人的科学素养的高低,绝不是无关紧要的,已经开始影响到一个现代社会中的人的生活质量,同时也在不断影响和改变国民的价值观和世界观。

(三)科学发展与民族发展

中国人口众多,幅员辽阔,960万平方千米的土地养育着世界上1/4的人口,是世界上唯一长达5000多年不间断文明史的国家。纵观中国发展的历史长河,我们既有辉煌的历史时期,也曾陷入因为封建落后而被动挨打的不利境地。

历史是一面镜子。在西方,科学从1543年哥白尼《天体运行论》和维萨留斯《人体结构》的发表开始,中间经过天文、解剖、力学和数学的革命,至17世纪60年代开始的工业革命,最终完成了世界近代科技史的第一部分,同时也宣告中国的科技已然落后于世界水平,世界的科技中心转向西方。第二次世界大战之后,日本提出了"技术立国"的口号,在短短几十年内飞速发展。在战败的废墟上,日本从一个对外掠夺、战败颓废、科技落后的国家一跃成为世界科技强国,取得了举世瞩目的成就,一跃成为"第二经济大国",并为日本不断地进行技术革新、科技创新奠定了基础。

这一切告诉我们:科技进步是国家稳步前进的不懈动力。因此,新中国成立之后,在中国共产党的正确领导下,在艰苦创业的岁月里,通过调动广大科技工作者和人民群众的积极性和创造性,集中有限的财力、物力,建立了一批骨干科研机构,初步建立了比较完整的工业体系,同时提出了"向科技进军"的口号。1949年11月,成立了以郭沫若为院长的中国科学院。1956年,中国制定了《1956—1967年科学技术发展远景规划纲要(草案)》。1978年,中共中央召开全国科学大会,邓小平提出了"科学技术是第一生产力"的精辟论断。在之后的十几年,我国对科技的发展进行了巨大的投入,每年都有新的科研成果问世。如果说我们用仅仅十几年的时间,完成了西方发达国家几十年的路程,大大地增强了综合国力,创造了奇迹,那么,在这一过程中,科学技术起到了关键的作用,我国经济发展所取得的重大成就和科学技术的贡献分不开。

(四)科技力量的提升为综合国力的提高增强了动力

目前,中国正在以高昂的姿态走向世界强国之列,只要坚定地把科技工作摆在重要位置,我们就会在加速国民经济发展、增强综合国力和提高人民生活水平方面取得更加辉煌的成就。

同时,我们也要看到,我国的整体技术水平与经济实力高度发达的国家相比还有着一定差距。以粗放经营为主的经济增长方式尚未实现根本性转变,产品结构、产业结构不合理等经济发展中的一些深层次问题还有待解决,农业发展、国有大中型企业改革、提高经济效益等任务还十分艰巨,人口、自然资源、生态环境等对经济发展的制约力也在逐步增大。因此,立足现实国情、为了抓住发展机遇、迎接严峻挑战,我们必须认真研究重大战略问题。真正使科技进步成为加速经济和社会发展的强大动力是解决目前发展困境的核心。当前以信息科学、信息技术为标志的世界科技革命正在形成新的高潮,"知识经济""科技经济"已经进入人类文明发展的历史进程。科技进步将成为经济发展的决定性因素,科技实力已成为衡量国家综合国力的重要标志。面对发达国家在经济与科技上的优势,面对我国经济和社会发展中的重大问题，我们必须从社会主义事业兴旺发达和民族振兴的高度，充分认识科技力量的重要性与紧迫性，继续加强对科学研究的支持与投入，尊重知识、尊重人才、尊重创新，"以崇尚科学为荣，以愚昧无知为耻"，求实创新，发展科技，提高全民的科学素质。

四、综合素质是科学素养与人文素养的综合

未来属于青年人，也取决于青年人，未来更需要青年人去创造，青年人任重而道远。梁启超在《少年中国说》里有一段精彩的评论：

故今日之责任，不在他人，而全在我少年。少年智则国智，少年富则国富，少年强则国强，少年独立则国独立，少年自由则国自由，少年进步则国进步，少年胜于欧洲，则国胜于欧洲，少年雄于地球则国雄于地球。红日初升，其道大光；河出伏流，一泻汪洋；潜龙腾渊，鳞爪飞扬；乳虎啸谷，百兽震惶；鹰隼试翼，风尘吸张；奇花初胎，矞矞皇皇；干将发硎，有作其芒；天戴其苍，地履其黄；纵有千古，横有八荒；前途似海，来日方长。美哉，我少年中国，与天不老！壮哉，我少年中国，与国无疆！

新的世纪孕育着新的希望，新的希望属于朝气蓬勃的青年一代。当代青年的成长与我国现代化建设的进程紧紧相伴，中华民族的伟大复兴蓝图将通过青年一代的奋斗变成现实。生逢其时，这是青年一代的幸运，更是历史赋予年轻人的神圣使命。1995年5月，江泽民同志在全国科技大会上的讲话中提出"科教兴国"战略，确立了科技和教育是兴国的手段和基础的方针。世界各国也都在制定和实施21世纪发展战略，抢占科技产业先机。目前我国已进入全面建设小康社会的新格局、加速推进社会主义现代化建设的新阶段。

现在，我国科技体制改革的进程不断深化，全民科学文化素质不断提高，但在我们不断发展科学知识、提高科技技能的同时，也应该注意人文素养对

全民素质提高的重要性。如果将一个人比喻成一台计算机,一个人获取知识、学习技能、利用知识改造自然的行为和能力等这些通过后天培养可以不断深化的能力,统统可以类比为计算机的硬件;内在的美好、善良、责任、良知等道德品质和人文修养则类似计算机的软件。文化是一个非常宽泛的概念,一般来说,所有有别于自然形成的一切人类活动以及人类活动所创造的一切成果都是文化的构成。从这个概念来说,音乐、哲学、美术、文字、价值观念、意识形态、思想倾向等都属于文化的范畴。由此可见,借用之前将一个人比喻成一台计算机的示例,一个人的素质,既包括"硬件"的强大,也离不开质量过硬、内涵丰富的"软件"。

(一)文化素养是人文素养与科学素养的综合体现

所谓文化素养是指科学素养、人文素养、审美素养。从本质上说,这三方面有机统一、不可分割,它们共同构成了一个人的整体素质。一个人的科学素养是如何去获得真知,一个人的人文素养则是如何去维护良知。真知和良知是人在世上立足的"两条腿",也是生命力得以充分展现的源泉和动力之源。从发挥个体良性发展的良性建构和镜像化的功用层面看,回归生产和传播真知的知识精英本位,醇化精神氛围,厚实人文精神,引导良性参与社会建构,是青年一代必须承担的责任和义务。

(二)综合素质的提高在人的发展过程中具有重要作用

综合素质,是指人在一定的生理和心理基础上,通过后天的社会教育、劳动实践与自我成长、自我修养等途径形成和发展起来的在生活上和工作上发挥作用的内在品质和能力的综合。综合文化素养状况直接影响个人的成长,影响个人综合素质的提高。人文素养的缺失是青年成长和综合素质提高的最大障碍,缺乏人文精神的年轻人不可能真正成长起来。人文素养是一个人素养的基础和核心,科学素养和审美素养以人文素养为出发点和归宿,是人文素养的延伸。科学离不开人文,科学离开了人文就会迷失前进的方向。科学也要人为本,科学离开了人就失去了存在和发展的意义。在当前大学素质教育提倡高尚思想品德、多维知识结构、综合创新能力、健康身心素质的背景下,应把"致真知"与"致良知"辩证地统一起来,作为大学素质教育的核心理念。

全球化不可遏制地降临到了我们这个时代。新世纪,人们除了要面对经济一体化的挑战外,还不得不受文化价值观念矛盾冲突的困扰。国家之间、民族之间、地域之间的竞争已从单纯的科技竞争、人才竞争上升到了全民素质的竞争。年轻的大学生要想在竞争中立于不败之地,就必须具备良好的综合素质。

在实施"科教兴国"的战略中,科学的重要性已经引起了党和国家的重视。然而,人文的重要性,尚未引起人们足够的重视。近年来,由于人文素养的缺失造成的不良影响已在社会生活的各个领域表现出来,例如,责任意识淡漠,权力在手中成了买卖的商品,这已经并且正在严重影响着个体的幸福和社会的发展,蚕食着社会稳定的根基,动摇着人们的道德信念、理想和信仰,导致了许多社会矛盾和危机。这些固然有多种因素的影响,但不能否认,人的文化素养,尤其是人文素养的缺失也是十分重要的原因。因此,提高人文素养是社会发展的迫切需要,是社会主义精神文明建设的需要,是全面建设小康社会的需要。

(三)人文素养与科学素养的有机结合,构成了一个完整的人

一个优秀的人,必须首先具备一定的人文素养,具有人文精神。没有了人文素养,缺失了人文精神,人是不能真正成长起来的。从某种角度说,读书和学习已经成为现代人生存和发展的基础。只有通过读书和学习,我们才能提高自身的文化底蕴。没有学习,不吸收人类几千年的历史中创造和积累的文化财富,在生活中就无法做到从容不迫,游刃有余,把握有度;不汲取人类几千年积累的智慧和道德理念,就无法抵御声色的诱惑,就无法远离浮躁,宁静致远。提高文化素养,尤其要提高人文素养,并在此基础上培养科学精神,

这是一个人成长的必备条件。

在我国目前的情况下,要提高青年一代的综合文化素养,固然要提高科学素养和审美素养,更为重要的、紧迫的任务应该是提高人文素养。因为没有人文素养的提高,就不会有综合文化素养的提高;没有人文素养的人,不可能具有真正的科学精神,也就不会有很高的审美修养。人文素养中所包含的人文精神是整个人类文化生活的内在灵魂。科学离不开人文,只有提高人文素养,才能提高综合文化素养,提高综合素质。也只有具有人文素养的人,才能真正懂得并尊重科学,努力把握科学的本质,并把培养科学精神和科学探究能力,当成自己义不容辞的责任。只有具备人文素养才能真正树立"以人为本"的观念,充分尊重人的主体性,充分理解人性,把人当作有情感的、鲜活的、思想性格各异的、独立的人,进行主体的精神交流和对话。通过交流对话,引导、激发人的自觉意识和自尊意识,主动地寻求自我发展和进步的目标,不断完善自己。

"百年大计,教育为本。"就当前的高等教育现状来看,素质教育是一个关键的切入点和突破口。很多高校也做过关于大学生人文素养现状的相关调查,在育人的过程中切实增强青年学子的人文素养,大力推进素质教育,已成为各高校的共识。

当今世界是经济和科技飞速发展的时代,各国综合国力的比较在一定意义上是各国人才的比较,拥有更多、更好的具有综合素质的人才,就会使各国在世界经济和政治舞台上处于更有力的地位。因此,现在世界各国都在争相发展本国的教育事业,培养适合本国发展的人才。我国也不例外。现存的教育方法和教育模式存在一些问题,对培养复合型人才十分不利,在这种情况下,更需要我们进一步加强对高等教育的改革和研究,在现有基础上重视对青年一代人文素质、人文精神的培养,创造和完善更有利的教育环境,摸索新的教育方法,进一步将发达国家的先进教育模式与我国国情相结合,"取其精华,去其糟粕",探索适合我国国情的教育模式,培养出大量具有较高综合素质的人才去服务于社会建设。在新形势下,时代呼唤新一代大学生投身到中华民族伟大复兴的事业中去,青年一代应当抓住一切时机,全面提高自身素质,以卓越的身姿,迎接时代的考验。

| 参考文献 |

[1] 魏屹东. 科学社会学新论[M]. 北京:科学出版社,2009(4).

[2] 〔美〕约瑟夫·阿伽西. 科学与文化[M]. 邬晓燕,译. 北京:中国人民大学出版社,2006(10).

[3] 石亚军,赵伶俐,等. 人文素质教育·制度变迁与路径选择[M]. 北京:中国人民大学出版社,2008(9).

[4] 李维武. 人文科学概论[M]. 北京:人民出版社,2007.

[5] 周颖华,王保中. 关于信息技术伦理道德问题的思考[J]. 吉林教育科学,2001(5).

[6] 杨秀丽. 论网络时代大学生的信息伦理道德教育[J]. 太原理工大学学报,2002(6).

第六讲

大学校园文化与新媒体环境

一、大学校园文化的概述

（一）对大学校园文化的界定

从高等教育发展的历程来看，大学的诞生是创新意识的体现，大学的诞生与人类的创新活动紧密连接，是新文化、新理念、新思潮、新制度的集中体现。从根本上来说，大学是一种特殊的文化组织，体现着不同阶段的文化潮流与传承创新。大学的本质就是功能独特的文化组织，集文化性、创新性、学术性于一体。当今社会，高等学府的发展越来越受到大家的重视，在一定程度上甚至处于国家发展战略的中心位置。高等教育在国家政治、经济、科研等领域所发挥的巨大作用是全民瞩目的焦点。对于大学文化的研究，尽管不同的学者有着不同的观点，例如，有的学者从文化学的角度总结梳理，有的学者从大学的职能变化角度进行阐述，但是综合来看，无论哪一种观点都承认对大学文化的研究不仅是一个片面抽象、理论叠加的思辨过程，也是一个不断探索研究、发展变化的过程，更是包含理论科研与实践等多因素的构建过程，即大学校园文化是一种具有系统性、过程性特征的文化。

从马克思主义哲学的角度去研究校园文化的发展，重新审视大学校园文化的概念界定与内涵,将使大学校园文化的研究具有现代意义。大学校园文化是整个大学文化中的重要分支,是社会创新文化的集中体现,反映了人类发展过程中的内在文化要求。在当代中国,大学校园文化是先进文化的重要组成部分,是各高校在长期的办学过程中形成的历史经验、文化积淀和创新累积,是在漫长的办学过程中已经形成的价值倾向与行为风尚的综合体现。其既包含高校师生对大学本身的认知与理解,又是联系大学各部门、各成员之间的精神桥梁。这种无形的精神纽带,潜移默化地影响着广大师生的思想和行为,并在一代代的大学人中传承与创新,渗透到大学发展的各个方面。

(二)我国当代大学校园文化的基本特征

从社会发展的历程来看,大学校园文化的发展是文化发展的重要体现,在一定程度上反映了当时社会先进文化的发展趋势与水平,承担着传播和创新先进文化的重要使命。中共十七大明确指出要推动社会主义文化发展大繁荣。这给蓬勃发展的大学校园文化注入了新的活力与激情,同时也对校园文化建设提出了更高的要求。大学文化作为社会主义先进文化的重要组成部分,既具有文化发展的一般属性,遵循文化发展的普遍规律,同时又有社会主义文化的本质特点,具有鲜明的时代特征。

1. 大学校园文化的本质属性是具有社会主义性质的先进文化

大学文化的属性应当与时代发展的性质相匹配。在我国,大学校园文化应当具有社会主义意识形态,立足于中国发展的现实情况,反映社会主义的性质和特征。大学文化作为我国先进文化的重要组成部分,应当以社会主义先进文化的内涵为理论基础,坚持马克思列宁主义、毛泽东思想、邓小平理论、"三个代表"重要思想、科学发展观为理论指导,为打造和谐校园、培养高素质人才、创新科研水平、更好地服务社会,提供坚实的文化基础和精神指导。

2. 大学校园文化必须遵循社会主义核心价值的指引方向

大学校园文化可以在一定程度上体现一所大学的灵魂,校园文化的本质是对校园价值观念的阐述。校园文化的发展要坚持以先进文化为根本方向,就必须坚持正确的政治领导方针,坚持社会主义核心价值体系的指引方向。在现代大学的建设过程中,坚持以社会主义核心价值体系为指导,重点在于引导高校师生树立正确的世界观、人生观和价值观,弘扬改革创新的时代精神,体现高校师生的良好精神风貌。

3. 大学校园文化建设应坚持以人为本

大学的重要使命之一就是培养和造就高素质人才。对于高等院校而言,大学文化建设的重要任务之一就是培养高素质的社会主义事业的合格建设者和接班人,借助人才培养彰显大学文化的影响力。同时,坚持以人为本,把大学人的利益和需求作为各项工作开展的出发点和立足点,也是保持大学文化不断发展创新的内驱力。从广大师生的实际需要出发,充分调动师生参与校园文化建设的积极性和主动性,在建设大学校园文化的过程中提高高校师生的整体素质,发挥大学文化对社会文化潜移默化的影响作用,与时代发展紧密连接,带动更多的社会群体参与到先进文化的建设和弘扬中,促进大学文化不断繁荣。

4. 大学校园文化建设的基本方针是追求卓越、科学发展

大学校园文化是大学文化发展过程中浓墨重彩的一笔,蕴含了大学的灵魂和精髓,是大学生存、延续、发展的支柱和根基。追求卓越、科学发展是对大学校园文化发展提出的基本要求。大学文化带有鲜明的时代特点,有着深刻的时代内涵。大学文化的发展既要符合时代发展的主旋律,又要站在时代前沿勇于创新。因此,应建立崇尚人文特点、注重文化特色、发展学术为先、倡导创新改革、鼓励个性发展的良好环境,牢固树立追求卓越、科学发展的大学文化发展方针,努力为国家、社会、民族做出更多的贡献。

(三)校园文化发展的特点和规律

一般来说,校园文化的建设和发展应当遵循沉淀积累、融会贯通、包容整合这三方面的规律。

1. 校园文化的沉淀累积

校园文化的建设向来不是一蹴而就的,而是一个逐渐积累沉淀的过程。大学校园文化作为一种独特的文化形态,是各高校在长期的办学实践中逐渐形成的,并渗透于大学深厚的文化底蕴之中。现代大学制度的确立已有近千年的历史,办学理念经过了多次改革。在一次次的变革过程中,大学经历了文化启蒙、文化觉醒和文化创新过程,从而成就了大学自身发展的辉煌历史。校园文化的形成不仅是几代大学人思想和智慧的结晶,也是人类文明积淀在历史长河中的深刻结果。大学作为社会的重要组成部分,其发展不可能独立于整个社会发展之外。校园文化不仅与整个人类文化密切相关,而且是时代发展的先进产物,是一种精品文化;同时又承担着引导先进文化的重要历史使命。大学既是一个传授知识的殿堂,也是集中体现时代变革的地方,校园文化的建设一定是在继承与变革中不断创新,并且要经历漫长的过程,既反映着时代的特点,又有着浓厚的历史沉淀。

2. 校园文化是多种文化的融会贯通

校园文化的精髓是"大学精神",对校园文化的建设应侧重校园文化对大学人、社会人的影响,在师生群体中形成一种精神风尚和精神信仰,其中高校的校风、学风建设则能充分反映出大学的优良传统和良好的办学理念。校园文化建设以师生为主体,是由高校领导提出和确定培养方向、制定培养机制、营造良好的校园环境的系统工程,是课堂教学、管理制度、社会实践等多方面文化的综合体现。同时,校园文化建设也是整个社会文化建设的重要组成部分。在现代社会中,大学不再是一方净土,而是与社会生活有着千丝万缕的联系,无论是知识体系的创新还是人才培养的方向,都需要根据社会的具体要求随时调整。这也从另一方面说明了校园文化不再是大学文化与社会文化中独立的一部分，而是与文化发展、社会要求、时代特点、办学特色密切相关的环节。

3. 校园文化重在包容整合

目前，大学在综合国力的竞争中所起到的作用和地位不容小觑，大学文化的生命力和创造力也越来越成为一个国家发展的潜在力量。大学文化既是传统文化与现代文化的交织，也是本土文化与外来文化的互融，是多元文化相互作用的产物。大学自诞生之日起就是海纳百川的多元文化的交融与互动，曾经有人指出，大学文化是特殊群体即大学人所产生的对知识进行整理、归纳、传播、交流和创新的过程中所形成的一种与其他大众文化相互联系和区别的文化系统。因此，从校园文化长期发展的角度来看，应当将校园文化作为大学文化中的重要部分进行梳理，放眼于长期发展，着眼未来，坚持文化发展过程中的先进性、多元化、前瞻性特点，充分发挥文化自身包容与整合的能力，"取其精华，去其糟粕"。

二、新媒体概述

（一）新媒体的演变历程

在人类社会发展的历史上，最早人们只是认识到物质资源的重要性，人类存活的方式围绕着各种物质资源的索取而进行。之后，生产工具的革新，使人们逐渐认识到，机械、电力的产能远远高于人力和畜力，能量资源的重要作用逐渐浮出水面。再后来，生产生活更多地围绕着信息展开，人们也逐渐意识到信息资源的重要性。物质、能量和信息逐渐进入人类社会的核心层面，实际上也是不同阶段人类文明的重要体现。在信息社会，人们的活动和行动离不开媒体提供的信息，拥有足够信息的生活才是有效的生活。在信息时代，把握新媒体的特性与发展规律能更好地运用媒体的力量，从而运用新的思维方式。目前人们普遍认同，人类社会已经进入了信息时代，信息如空气一般。

虽然人感觉不到这种无形的存在,但是也无法与之隔绝。信息社会的重要特征之一就是通信技术与信息技术的发展已经引发了信息革命,产生了海量的信息。信息的实质是价值的发掘与潜力的开发,其已经成为一种新的生产力。

对于新媒体的界定,不同的历史时期有着不同的答案。400多年前,新媒体是报纸(世界上最早的报纸诞生在1609年),工业革命催生了现代意义上的报纸,相对于口头传播、人际传播,相对于书籍,报纸就是当时的新媒体;100多年前,新媒体是广播(无线广播技术诞生于1906年);80年前,新媒体是电视(1936年,在伦敦诞生了第一家广播电视台,即BBC);21年前,新媒体是互联网(1995年5月,张树新创立了我国第一家互联网服务供应商,中国的普通百姓开始使用互联网);20多年前,新媒体是短信(世界上第一条短信在1992年被接收);近几年,新媒体是手机电视,手机媒体化标志着信息终端已经由固定端口向移动客户端进行转移。新媒体层出不穷,不断超越着人类的想象,不断改造着人们对媒体的定义。在21世纪的第二个十年,我们可以看到,泛媒体时代已经到来。

(二)对新媒体的认识与理解

1. 新媒体"新"在哪里

20世纪末,随着互联网技术日新月异,无线网络覆盖率日益增加,数字媒体技术突飞猛进,电子产品不断普及,新媒体由开始的星星之火,逐渐呈现出燎原之势。目前,新媒体技术已经越来越成熟,人们对新媒体的接纳程度也由一开始的一知半解到今天的熟练操作。尤其是近十年以来,网络媒体、手机客户端以及融合传统媒体的数字电视等新媒体业务发展迅猛,而作为一种新生力量,新媒体在传媒行业中的地位不容小觑。

就目前而言,新媒体的界定是参照之前对传统媒体的定义得来的,无论是传媒界还是学术界对新媒体都无法给予一个具体的概念。"新"是相对于"旧"而言。新媒体应该是人和科学技术不断产生联系的产物,因此是一个发展的概念,从这个层面上来说,很难形成一个标准的、完整的概念。

清华大学熊澄宇教授认为,新媒体主要是借助计算机的信息处理技术而产生的新的媒体形态。中国人民大学的匡文波认为,新媒体是一个相对的概念,是有别于报纸、广播、电视等传统媒体的新的媒体形式,这其中包括互联网媒体、手机媒体等。在这种新的媒体形式中,充分利用了数字技术、网络技术,通过固定的或移动的信息终端进行处理,向用户提供传播服务。互联网从业人员则认为,新媒体是基于计算机技术、通信技术、数字广播技术,通过互联网、无线通信、卫星等传播媒介,借助电脑、电视、手机等设备实现传播操作的媒体的总称。以上均是从技术层面剖析了新媒体的特点。也有一些学者从传播学的角度出发,认为新媒体是一种新的信息载体,是"人"对"人"的传播。人既是传播者也是被传播者,人的参与才是新媒体存在的意义。尽管对新媒体的解释百家争鸣,但是我们总结下来,新媒体就是有别于传统意义的报纸、电视、广播而言的借助新型传播技术和传媒市场结构调整而产生的新型传播媒体,是人类文明的产物,是科技进步的结果。

2. 新媒体的传播特点

结合之前对新媒体属性的阐述分析,目前新媒体主要借助的是计算机技术和互联网信息平台的高效运作,有着明显的网络媒体的特点,即借助互联网传播平台,以电脑、电视以及移动电话为终端,以文字、图像、视频、声波等形式实现传播链条运转的一种数字化、多媒体的传播媒介。

第一,新媒体传播借助最新的技术手段。

技术创新是新媒体发展的内驱力,新媒体的发展,归根结底是科技进步的结果,是在技术推动下实现的,包括无线通信、网络技术等新技术的利用,通过互联网、局域网、无线网和通信卫星等渠道,向广大用户提供文字、影像、语音、娱乐、教育等数字化服务。新媒体产业的形成,是计算机技术、通信技术、数字技术不断创新和发展的成果。新技术的发明与应用,以低门槛、个性化、自主化为特征,吸引更多人参与其中。

第二,新媒体充分体现互动性特点。

在信息传播的过程中，新媒体起到传播中介的作用，打破了传统媒体单项传播的特点，借助新的技术手段实现传播过程中媒体与受众频繁互动，强化了信息传播的双线性。

第三，新媒体体现了"人"在信息传播中的自主性和主动性。

回顾人类的传播发展史，印刷传播方式在相当长的时间内为主流传播方式，传播者对信息的发布有明显的控制性。新媒体时期的媒体形态和类别更加丰富，传播形式更加自由，接受信息的主动性大大增强。信息的传播者和接受者之间不再有明显的界限。任何人都可以成为信息的传播者。

第四，新媒体传播有明显的移动性特点。

随着无线网络技术和通信技术的不断成熟与融合，信息传播移动化将是新媒体传播的最重要的特点。移动传播让人们摆脱了时间、空间等因素的束缚，使信息传播更加便利和自由。

3. 新媒体的分布特点

新媒体作为一种不断变化中的新的社会文化产物，其分布特点可以从另一个角度说明这一新兴的传媒方式对人们日常生活的影响。

第一，新媒体分布广泛，覆盖到日常生活的各个角落。

新媒体无处不在，在信息高速流动的时代，人们的日常生活大都为信息所覆盖，人们可以随时随地地获取信息，也可以将自己的所看、所想、所闻随时借助新媒体移动端发送出去。同时发生在某个地域范围内的新闻，不仅被当地媒体所关注，也很有可能被其他地域的媒体甚至国际媒体高度宣传，这样一来，新闻事件的影响力和传播速度以及民众的参与度就呈现几何式增长。

第二，新媒体对传播事件进行无缝隙的关注。

随着手机、网络移动端口的开放和电子设备的普及，人们可以在24小时内关注新闻事件的发生情况，并能借助网络端口24小时无休止运转的优势进行网络直播。这样就增强了传播事件即时性的特点。

第三,新媒体对传播事件的时效性决定了媒体影响力。

在新闻传播领域,人们聚焦于独家新闻。因此,随时观察、随时报道是新媒体从业人员的基本素质,甚至决定了一家新媒体运作的生死存亡。对新闻事件保持敏锐的嗅觉和长期的跟进是抢先报道的前提。从这个层面上理解,先机就是竞争力。

第四,新媒体保持高效的实时互动能力。

在新媒体传播的条件下,信息的传播者和接受者之间可以进行直接沟通,打破了时间和空间的局限性,形成了非线性传播的模式,信息接收者不仅可以根据自我喜好进行信息的选择,而且可以发表意见,进行信息的交流和反馈,成为信息的传播者,实现传播者与接受者的亲密接触以及信息的双向沟通。

三、新媒体环境对大学校园文化建设的指导意义

(一)新媒体使用者的需求

目前,中国互联网使用者以年轻人为主体,依托电子设备的进步与普及,尤其是手机设备与互联网的对接,形成了新的新媒体运营环境。手机设备可移动、个性化、计费方便等特点,着重突出了新媒体的优势。如今的手机早已经超越了"移动电话"这个名称所指代的范围,手机的使用者不仅可以通过这个终端接受海量的信息,还可以作为身份识别的设备,同时还可以利用手机进行购物等。手机已经从单纯的通信设备成为一种全能设备,这个小小的终端改变了传统的沟通方式、消费方式、传播方式,甚至影响着人们的思维方式。手机的使用者也在赋予媒体新的功能,推动着新媒体时代的快速发展。新媒体造就了新的传播方式,人们运用手机新媒体的目的主要分为以下几类:① 了解国内外新闻;② 获得个人生活信息;③ 表达个人观点或发表个人作品;④ 娱乐行为;⑤ 社会活动和信息交换。其中,前两种属于单向信息的获得,后三种是典型的新媒体赋予使用者的个性化的设置。

新媒体的启用与普及,带来了一种新的传播方式与生活方式。有专家曾指出,对于以信息发布为主要功能的传统媒体而言,传播效果的好坏决定了传播质量。新媒体相较于传统媒体而言,有着较强的互动性,媒介效果同样也是衡量新媒体使用价值与传播质量的标准。按照对新媒体的界定来分析,目前新媒体的繁荣主要依靠互联网技术的普及和电子设备的先进化发展。如今全球互联网使用者已经以数亿计,中国作为互联网使用的大户,有几亿的适用人群,其中青少年占绝大多数。作为一种的传播方式,我们总是好奇:年轻人使用这种媒介在做什么?这与他们在面对电视、报纸等传统媒体时有什么不同?他们借助新媒体获得了什么?换句话说,几亿的青少年使用新媒体的动机何在?这对大学校园文化又有什么指导意义?

(二)建设新媒体环境下健康和谐的大学文化运转机制

说到底,校园文化建设的核心是校园文化的传播与运转。新媒体环境下,网络传递文化信息,节省了信息传递的时间成本,信息的传播几乎在瞬间就可以到达地球上的各个角落,网络信息传播的信息量大、传播迅速、内容全面等特点,为大学生的成长、成才拓宽了新的途径,大学生社会化进程也有了更多元化的选择。网络文化信息传播的新特点影响着人们的生活方式与活动方式,影响人们的思维模式,大学生健康社会化的进程也毫不例外地受到影响。传统的教育工作是以传授知识和经验为主要内容,课堂是最主要的活动场所,学生被动学习知识并接受思维训练。新媒体环境的开放性与多元化在信息技术的存储和传递上已显出巨大的作用和优势,大学生完全可以足不出户,借助手边的网络和电子设备,就能图文并茂地学习到最先进的知识。甚至由于年龄和知识结构等方面的差异,在接受新鲜事物、掌握新文化信息的广度和深度上,大学生将比教育工作者更有优势,教师在一定程度上成为"文化反哺"的对象。如何利用新媒体传播面对面、沟通面对面的优势,利用网络优势,加强信息监管,正确引导青年学子的成长成才,营造和谐的校园文化环境,是在新媒体环境下建设健康的大学校园文化的重中之重,对我国精神文明建设事业也尤为重要。

1. 促进大学校园文化生态环境的健康发展

良好的大学校园文化生态环境主要包括校园文化的系统性和相关性。实现大学校园文化的健康发展关键是为大学校园文化营造一个良好的文化氛围和生态环境。这就意味着,大学校园文化既要在内涵上保持稳定性和独特性,同时在大学文化系统良性运转、寻求创新的大环境下,也要保持和其他文化系统的和谐相处,对大学校园文化之外的文化信息保持高度的敏感性和旺盛的生命力。在促进校园文化生态健康发展的工作中,既要注重打造知识气息浓厚、人文气息浓郁的教育环境,更要注重教育管理工作的人性化和亲情化、教育方式的个体化和互动性,为广大青年学子营造一个健康、和谐的教育和生活空间,倡导民主、平等、兼容并包、独立开放的精神思想,促进教育事业的创新性和发展性。

2. 完善和激励大学校园文化的和谐发展

现代大学的出现是时代发展的必然产物,代表着当下最先进的时代特征,引领着社会不断向前发展,是社会向前发展的动力。促进当代大学校园文化的繁荣发展可以从多个方面进行:一方面,在校园内形成学术自由、学术创新的氛围,促进大学校园文化精神的提升。大学校园文化建设的根本目的是实现大学文化精神和保证大学学术价值研究。另一方面,大学校园文化相较于其他文化有它的独立性和独特性,但是大学不是一个单纯的存在,而是社会庞大系统中文化复合的体现,以培养人才为本职,大学校园文化的发展当与社会的发展、国家的发展相一致。在开放、多元的社会环境中,大学校园文化的建设需要进一步发展文化建设的内涵,激活内部资源的同时,不断吸收外部优质资源,站在前瞻性、创造性的角度探索大学校园文化发展的新路径。

3. 保障大学校园文化建设的合理转型

校园文化建设的文化体制建设是文化价值的外化表现,这个过程是一个复杂的工作系统,包括大学文化建设过程中的各项规划措施、决策决断、管理政策、评估条例、监督体制等环节,相较于教育教学工作等"硬件工程",文化建设是大学教育管理工作的"软系统",也是保证现代大学长远发展的灵魂。从发展的角度来看,大学校园文化的合理转型是教育现代化的必然结果,是社会文化体制为大学校园文化建设和发展奠定的制度保障和支持。目前,大学校园文化建设的过程中依然存在许多不足,尤其是关于大学文化的总体规划、设计管理、人才培养、科研成果转化等方面存在着比较严重的问题。改革现有的大学校园文化建设体制,构建与社会主义市场经济和民主政治发展相适应的大学校园文化体制,是现代大学校园文化建设的创新之路。

(三)新媒体环境下大学校园文化建设的原则与实现途径

新媒体增加了人们获取信息的方式,也丰富了信息资源,拓展了人们的视野,是当前人们进行信息交流的主要平台。作为一种新兴的信息媒介,新媒体采用全方位的传播方式,深刻地改变了人们的生活方式与思维模式,甚至对很多人的认知结构都进行了重构,在青年学子中营造了新媒体环境下的特殊文化氛围。对于作为新兴传媒工具的网络媒体来说,新媒体在信息传播方面的显著特点和优势与大学生精力充沛、思想活跃、对外部信息敏感且需求强烈的特点相契合,对大学生的影响深远。现代大学以人为主体,现代大学校园文化的发展,归根结底是人的文化发展。大学文化作为时代文化的排头兵,在一定程度上引导着社会文化的进步,因此,我们必须在新媒体环境下做好校园文化的引导和建设工作,借助新媒体这一有效的信息传播利器,在高校师生中传递先进的校园文化,真正推动全社会文化水平的提升。

1. 新媒体环境下大学校园文化建设的基本原则

(1)校园文化方向建设要坚持先进文化的前进方向。

大学本身作为一个较高层次的社会组织,是开展社会主义精神文明建设的重要阵地,大学校园文化的建设必须要坚持与社会文化建设的总体目标相一致,要坚持先进文化的发展方向,确立科学的指导思想。校园文化的建设不仅体现现代大学自身的发展水平,也代表社会整体文化的发展水平。在进行校园文化建设的过程中,要注重结合先进文化的时代性、科学性,结合校园文化建设的实际需要,解放思想,弘扬和创新先进的校园文化。同时,大学文化的建设要坚持科学发展观的要求,构建和谐、开放、健康的校园文化,让校园文化成为当代中国精神文明建设的典范。

(2)校园文化的建设过程中要坚持继承传统与创新并重的举措。

在建设现代大学校园文化的过程中,既要继承和发扬中华民族传统文化中的精髓,发掘和弘扬各高校的传统和精神,又要注重文化发展的时代性特点,实事求是,立足现实,不断在实践中培养和创新校园文化的新亮点,树立校园文化的新风尚。应在坚持传统的同时加强与其他先进文化的合作与交流,海纳百川,兼容并包,增强文化发展的丰富性与多元化。

(3)校园文化的建设既要注重共性文化的发展,也要注重个性文化的发扬。

校园文化的建设不是一蹴而就的,是在漫长的岁月中经过不断的实践总结形成的。其寻找文化建设和发展的普遍规律,既体现校园文化的共同特征,又体现校园文化的独有魅力。建设科学、民主、符合时代发展要求的现代大学校园文化,要从各高校的实际情况出发,深入了解自身的发展历史与发展经验,总结在发展过程中校园传统、特色形成的原因,探究和弘扬高校自身的文化个性与文化特色,促进校园文化的内涵式发展。

(4)校园文化的建设要坚持科学精神与人文精神相统一。

现代大学校园文化的建设本身就包括人文建设与科学建设两部分,两者相互依存、相互影响、缺一不可,共同构成了校园文化建设的精髓和灵魂。在校园文化建设过程中,既要倡导实事求是、务实严谨的科学态度和以求真、求实为灵魂的科学精神,又要尊重"人"的价值,注重"大学人"的精神世界发展,弘扬以人文本、独立民主的人文精神,努力做到两者的统一,提高大学校园文化建设的实效性。

2. 新媒体环境下强化大学校园文化传播的手段

新媒体是新时期校园文化的物质载体和传播工具，校园文化凝结了新媒体的价值导向和精神内涵，二者互相依存、互相影响，形成了校园文化和新媒体建设社会主义精神文明、践行社会主义核心价值体系的有机共同体。因此，依托高校新媒体加强校园文化的建设是社会主义精神文明建设的重要内容，也是优化高校校园文化建设和传播的新型组合方式，整合和利用现有的新媒体资源，是在新时期建设健康文明、和谐有序的校园文化的有效途径。

新媒体为我们提供了一个自由开放的环境，利用网络的优势，加强信息技术在教育教学事业中的应用，为高校校园文化的建设奠定了物质基础，人们可以自由地浏览、存取和利用信息，并借用网络新媒体的平台知晓各方面信息，同时也可以自由留言、抒发情感、便捷交流，实现良好的信息互动。大学生能够方便地选择资源、利用资源，使得其文化信息视野更加开阔、思维更加活跃，满足了他们渴望参与和尊重、希望实现自我价值的愿望。新媒体的管理和应用同样需要结合校园文化的主旨和媒体设施的特点，以求为大学生提供一个健康的交流平台。

新媒体对校园文化的宣传作用不言而喻，然而校园文化的形成和培育不是一朝一夕的事，不是仅依靠新媒体的传播优势就能系统化、观念化的。因此，借助新媒体的传播优势进行校园文化的传播时，应该结合学校实际情况和社会发展动态，在宣传文化内涵的基础上，转变原有的思路，由灌输、宣传转变为引导、参与，凸显新媒体的桥梁作用。利用新媒体传播快、信息多元的特点，依托现代化的信息技术手段，文化交流的速度和影响力能够最大限度地实现面对面的传播，超越时间和空间上的局限，可以在短时间内汇集来自各方面的信息。校园文化作为时代文化的先锋始终立足时代前沿，年轻人接受新鲜事物的能力快，对电子设备的驾驭能力强，因此大学校园文化建设的途径更加广阔。我国在"十一五"教育规划纲要中曾明确提出要加速和推进信息化发展的步伐，目前打造"数字校园"的理念也早已纳入各高校发展的规划中，互联网已经成为各高校开展教学管理与日常管理的重要载体。互联网在高校教育教学、思想教育、行为规范、人际交流方面都彰显出强大的功能。因此，应借助新媒体发展的高昂势头，在正确引导、积极建设校园文化工作中提高认知、转变观念、顺应时代发展的要求，以多种形式推进校园文化的建设，强化新媒体传播在整个校园文化建设中的作用，推进校园文化的不断繁荣。

|参考文献|

[1] 蔡劲松，等. 大学文化理论构建与系统设计[M]. 北京：文化艺术出版社，2009.

[2] 高丽华. 新媒体经营[M]. 北京：机械工业出版社，2009.

[3] 陆小华. 新媒体观——信息化生存时代的思维方式[M]. 北京：清华大学出版社，2008.

[4] 杨继红. 新媒体生存[M]. 北京：清华大学出版社，2008.

[5] 张德，吴剑平. 校园文化与人才培养[M]. 北京：清华大学出版社，2001.

网络校园里的社团文化

一、我国的社团发展历史及基本概况

(一)社团的定义及分类

社团(Mass Organizations)是具有某些共同特征的人相聚而成的互益组织。社团与政府组织、非正式组织或自然群体有着明显的区别。社团又称为社会团体,是指以文化、学术或公益性为主的非政府组织。根据1998年10月25日颁布的《社会团体登记管理条例》的规定,社会团体指中国公民自愿组成,为实现会员共同意愿,按照其章程开展活动的非营利性社会组织。基本上我们将社团组织定义为除了政府机构和营利性机构以外的所有一切社会组织。我国的《民法通则》中明确规定,"机关、企业、事业、社会团体并列为四大法人系列",从法律上奠定了社团的基本地位,也为社团的健康发展奠定了重要基础。作为四大法人序列之一,社团组织以促进社会发展和进步为宗旨,按照一定的章程设立,是经审核按照法律法规组织成立的社会性组织。与政府机构相比,社团尽管不具备行政职能,是一种自发性质的民间组织,以服务性为主要特点,但是作为重要的社会组织,其可以正确把握政府意图,团结成员进行社会公益服务。

在我国成立社会团体必须经业务主管单位审查同意,必须同时接受登记管理机关(民政)、业务主管单位的监督。目前,社团可依其性质分为政治性、经济性、科技、军事、外交、文化体育、健康卫生及宗教团体等;依其成员间的联系纽带分为生理、社会、精神物质以及由个体所属组织功能等方面因素结成的四类团体;亦可依其民间性程度分为官方社团、民间社团、半官方社团三类。

(二)社团存在的必然性

社团的结成基于两方面的社会需要:一方面是基于社团所属的成员的需要,执行为成员谋取利益的服务职能;另一方面则是基于政府职能的需要,履行服从国家和社会利益的管理职能。从社团组织的社会功能上看,社团作为重要的群众组织,具备一定的社会功能,主要包括:

(1)满足社团成员自身发展的需要,即在社团组织中,成员能获得知识技能的增长、社会交往、社会承认以及获得新的发展途径;

(2)维护成员权益,包括对个人利益及群体利益的维护;

(3)部分社团组织作为政府的管理分支,具有在重大决策上参政、议政的功能;

(4)政府助手,担负着对各自社会成分的管理职能;

(5)参与国家经济建设,承担经济信息的沟通、开展生产活动、参与市场活动等;

(6)参与社会公益活动。

社会团体在中国历史上早就存在。根据相关的史料记载,在我国春秋战国时期就有了早期社会团体。受到当时社会形态的制约,人们的社会意识比较弱,因此社会团体不可能成为社会的普遍存在,社会团体在当时的社会形态下只能作为社会的附属组织存在。新中国成立以来,特别是改革开放以来,在中华大地上各种社会团体大量涌现,对中国经济和社会的发展起到越来越重要的作用。从20世纪50年代一直到改革开放之前,各种社团组织的数量非常少。截止到20世纪50年代,全国性质的社团只有44个;60年代时也只有不到100个,地方性社团的数量为6000个左右。到了1989年,在经济发展的巨大推动下,我国全国性质的社团增加至1600个,地方性社团达到20万个。1989年之后,我国政府对各类民间组织进行了重新登记与清理,各民间组织的数量较之前稍有下降,但不久之后数量又很快回升。1997年,全国范围内,县级以上的社团组织达到18万个以上,其中省级社团组织有21404个,全国性社团组织有1848个。

(三)我国社团发展经历的三个阶段

纵观中国现代史,中国社团组织的发展基本上可以分成以下三个阶段。

1. 第一阶段,1949年新中国成立之前

在此阶段,我国存在的主要民间组织主要可以分为六类,分别为行业协会、互助类与慈善类组织、学术性组织、政治类组织、文艺性组织、其他秘密类结社组织。1932年10月,国民政府公布了《修正民众团体组织方案》,该项法规将"民众团体"进行了更为详尽的分类,大致将国内现有的民间组织分为:农业会、渔业会、工业会、商业会、工商同业会、学生会、妇女会,各类文化团体、宗教性质团体、社会公益性团体、社会自由职业团体以及其他经过中央政府核准的民间组织。该项法规不仅对各类民间组织进行了详细分类,并明确提出了民间组织在成立、管理等社会职能方面的登记程序和规范原则,进一步强调了民间组织必须服从国家管理的重要原则。1942年,中国共产党领导的革命边区政府在陕甘宁辖地颁布了《陕甘宁边区民众团体组织纲要》和《陕甘宁边区民众团体登记办法》,其中在纲要中指出民众团体成立采取登记原则,成员参与应遵守自愿参加的原则,组织经费收入层面坚持自筹经费原则,社会职能方面遵循服务社会公益原则。纵观新中国成立之前的社团发展特点,各民间组织的活动比较活跃,多采用自上而下的管理模式,在社团职能方面有比较浓厚的政治色彩。

2. 第二阶段，从1949年新中国成立到1978年十一届三中全会

新中国成立为各民间社团的发展赋予了新的意义，标志着中国社会团体发展进入了一个新阶段。随着工作重心的转移，原先带有浓重的政治性色彩的团体对自身的结构与价值取向进行了重新组合。原先的政治性团体调整为各民主党派。各封建组织和反动组织在斗争中被坚决取缔和消灭。此时中国的社团组织已褪去了政治性外衣，以非政治性的姿态成立和存在。在此阶段，还有部分民间组织进行了重新改组以适应新时代的要求。据统计，截止到1965年，我国全国性质的社会性团体由新中国成立初期的44个增长至接近100个；各地方性的社会团体达到6000余个。结合当时的国内形势，我们必须承认，在新中国成立之初，面对白手起家、一穷二白的现实情况，根据当时经济、政治、科学、文艺等社会需求所成立的各社会团体和民间组织，在稳定新中国政权、巩固新生的人民民主国家方面，起到了不可磨灭的作用。如果按照这样的发展速度，各社会团体的数量还应不断提升，但是由于历史的原因，在"文化大革命"的影响下，从1966年开始到改革开放之前，原有的100个全国性社团与6000个地方性社团基本上陷入瘫痪状态，社团的功能与职能荡然无存，我国的社团发展遭到了严重的破坏，甚至是毁灭性的打击。

3. 第三阶段，十一届三中全会召开至今

1978年十一届三中全会召开，提出了"以经济建设为中心，坚持四项基本原则，坚持改革开放，自力更生，艰苦创业，为把我国建设成为富强、民主、文明的社会主义现代化国家而奋斗"的工作目标。改革开放以后，我国进入了重大转型时期，随着工作重心的转移和改革开放政策的推行，我国的经济、政治、国民观念等发生了一系列巨大的改变，这为我国民间组织的发展注入了新的活力。特别是市场经济的繁荣发展，使民间组织的形式不断活化，主要表现为：各民间组织脱离了原先单一官方社团的管理体制，逐渐过渡为官方组织与半官方组织并存的局面，充分展现了民间组织自治管理、服务社会的风采，中国社团发展的独立性初步显现，为社团发展提供了前所未有的机

遇。1989年，由国务院颁布的《社会团体登记管理条例》为社团的发展提供了新的土壤。经过几年的发展，截止到1998年，全国社团的数目由4560个增加到181318个。这其中既有由主管部门、单位组织根据工作需要建立的官方组织，也有由社会知名人士与单位团体联合建立的半官方半民间组织。这些社团组织是在新形势下顺应时代要求而建立的，无论是在工作职能、结构设立还是社团性质上，都较之前的社团组织有着较大的不同。

纵观社团组织在我国的发展历程，我们必须承认，社团作为重要的社会组织，为整个社会的繁荣、稳定、发展起到了非常重要的作用，甚至是社会长治久安的重要助力。在市场经济的条件下，自治、自强的社团组织必将成为我国的一道亮丽的风景线。尤其是近些年来，经济的繁荣、社会的稳定、国家的强大带来了各种社会团体蓬勃发展的新局面，但是我们不难发现，在众多的社团组织中也有一些良莠不齐、浑水摸鱼的乱象。根据依法治国的方略，1998年10月25日，我国颁布了新的《社会团体登记管理条例》，对原有的规章制度作了必要的调整和修改，并对部分相同、相似或发展明显滞后的社团组织进行了合并或清除，进一步规范了我国社会团体的登记、审核与管理、监督机制。目前，我国登记在册的社会团体大致可非为学术性团体、行业性团体、专业性团体和联合类团体，基本上形成了科学技能、文教卫生、咨询服务、社会帮扶等门类齐全、分类明确、各学科相互渗透融合的社会团体体系。相信这些凝聚着几代人心血和汗水、包含着亿万人理想与希冀的社会团体在社会主义市场经济的发展浪潮中必将逐步完善、逐步强大，发挥更大的作用。

二、目前我国民间社团的发展现状和普遍存在的问题

（一）发展现状与发展期望

当前，我国社会发展面临着一些问题，同时我国目前又处于社会转型时期，因此大力发展和培育社团组织是维护社会公正、有效解决各种社会问题、

促进社会主义经济良性发展和实现资源合理配置的必然要求。社团是世界各国都普遍存在的一种社会组织形式,从最近20年社团组织在中国的发展来看,基本上呈现出社团数量越来越多、种类越来越齐全、规模和影响越来越大、管理和自治水平越来越高的特点,主要集中体现在以下两方面。

1. 社团活动领域逐渐扩大

目前我国社团的活动领域较之前有了明显的增加,涉及学术研究、交流合作、社会帮扶、管理监督等各个层面,越来越多地影响到我国人民的生活,拓宽了民众参与社会生活的渠道,满足了社会多元化的需求,同时也积极引导着社会发展的潮流。有的社团通过工作经验的总结敏锐地感知到一些具有时代性和倾向性的社会问题,利用社团工作的有利条件对问题进行及时跟进,并提出解决方案和工作计划,通过自身的工作实践影响政府的决策,推动社会和谐、文明的进程。

2. 社团组织朝着规范、完善的方向发展

从目前我国社团发展的方向来看,社团的组织部门大都具备建立健康社团的意识倾向,各社团组织在正确的引导下也以积极、健康的姿态投身社会生活中,以非营利、非政府、公益性为前提,动员和组织广大群众参与到经济和社会发展的各项工作中去。作为我国改革开放中的重要环节,社团组织积极致力于社会领域的变革与创新,部分社团甚至处于改革的前沿,身先士卒,为改革工作提供宝贵的经验。社团组织作为一种自发性的组织以特有的方式发展对外开放的新渠道,在尊重、平等、互助、交流的前提下同社会各界建立广泛的合作关系,通过交流取长补短、相互学习,推动我国各项事业稳步前进。

通过以上分析,针对我国社团组织发展的实际情况来看,我国社团组织的建设已经朝着规范、健全的方向发展。政府部门对待社团发展的态度应当合理端正,应从法治、政策、管理、支持方面加以重视和引导,依法监督,为社团组织的健康成长和积极发展营造有利条件。

（二）限制社团发展的问题

在市场经济与社会转型期，社团组织的存在发挥了积极的作用，得到了政府的肯定与民众的称赞，目前社团组织的发展已经成为社会发展中不可小觑的力量。将一个社团放置到整个社会结构中只是沧海一粟，微不足道，但是千千万万个社团的力量凝聚在一起则后劲十足，甚至会影响到国家的变革。尽管经过长足的发展，社团组织在社会生活中的作用已经越来越受到政府和民众的重视，但是在整个社团发展过程中，有些影响社团整体发展的问题依然存在。

1. 对社团组织的认识存在误区，限制了社团的发展

随着改革开放的不断深入，人们对社会团体的认识有了一定的转变，但是部分人在思想上对社团的认识仍存在误区。有的人认为社团是某些单位或机关的内部分支，甚至是作为安置闲散人员的福利性机构，社团成员属于"虚职、空职"人员，有的人甚至认为社会团体是基层单位的附庸和负担，这种思想上的错误认识是影响当前中国社会团体生存和发展的重要因素。而经调查发现，有的社团的社会地位确实比较尴尬，多属于附属机构，缺乏自主性和独立性。曾有人指出中国的社团组织还未能占有必要的社会地位，在大多数的公众眼中，社团是社会生活的边缘产物，社团组织只是辅助政府机构开展工作而已。

2. 社团组织受到政府严格控制，缺乏自主性和独立性

社团组织作为社会生活和经济发展的必然产物，促进其良性发展是社会各界的共同愿望。新中国成立后，政府曾对其进行严格限制，直至1976年，社团工作才开始全面复活。20世纪90年代初，政府提出转变政府职能和发展社会中介组织的政策。社团组织作为一种新生的社会力量缺乏足够的管理与运营经验，因此民众对社团组织难以信任。同时，有的政府部门也担心过多的放权会让社团组织缺乏必要的规则意识，影响社会稳定大局。政府工作人员则顾虑权力的下放和转移将弱化自身的管理能力，危害自身利益，因此各种因素制约着社团组织的良性发展。作为一种群众自愿参加的组织,如果不能捍卫所代表的成员的利益,也必将失去成员的拥护和支持,因此社团组织内部也时刻面临着不团结的危险,因此也就很难形成综合性意见参与公共决策。

3. 社团职能不到位,影响整体作用的发挥

截止到 1996 年 6 月,经过合法登记的全国性社团增加至 1800 余个,地方性社团的数量超过 20 万个,但是在空间分布上存在明显的不平衡:城市优于农村,经济发达地区优于经济落后地区,沿海地区优于内陆地区。尽管各个社团都有各自的章程,记录和明确各自的宗旨和工作职责,但是受实际条件限制,不少社团没有按照规章制度履行职责。这其中既有社团先天不足,也有处于社会转型期,政府职能转换过程中的困难造成分工不明确的尴尬局面。同时我们也必须意识到有的社团在面对自身发展的困境时动机不纯,从事非法活动,给群众留下了不好的印象。

4. 对社团的监督松散,法律法规不完善

目前依法治国的国策已深入人心,作为我国的一项基本国策,已经渗透到我们生活的方方面面。社团作为一种必要的社会存在,世界各国政府都在致力于社团组织管理与监督方面法律法规的建设。作为一种监督机制,法律制度的不准确、过分约束、过分宽容都会阻碍社团组织的健康发展。对于不同类别的社团来说,服务内容和管理方式有着较大的不同,特别是一些地方性、民族性色彩突出的社会团体,其管理和监督机制的制定要充分考虑到文化、民族、习俗、宗教等方面的特点。目前,尽管我国已经意识到社团管理监督机制的重要性,但是对于专项的法律法规制定仍处于探索阶段,在条例制定的前瞻性和预见性方面,还有待在实践中不断地调整和完善。

5. 社团发展存在巨大的资金缺口和物质支持

社团组织的生存与发展特别需要社会各界,特别是政府的支持。尽管近

些年来国家已经出台了一些针对非政府机构的优惠政策,但是总体上来说,这些政策在落实上都存在一些困难,有的甚至无法落实。作为一种自发性的组织,社团的建设、发展资金大多通过自筹的方式获得,既缺乏国家提供的资助,也缺乏各企事业单位的支持,长期处于收支不平衡的状态。因此,如何获得社团生存的物资是摆在社团组织面前的一个现实问题。从现实情况来看,我国社团组织的物质资源大多依靠广大人民群众的捐助,大多数社团都面临资金短缺的问题,为了摆脱经济困境,有的社团便放弃了诚信原则,借助社团的影响力,开展营利性和商业化经营,因为没有优惠政策和资金支持还要求社团保持公益性、非营利性,无异于画饼充饥。然而这种饮鸩止渴的方法虽然能短暂摆脱经济困难的局面,但是缺乏自律的行为必将失去人心。

三、大学生社团发展对促进社会进步和稳定的重要意义

无论是新民主主义革命时期,还是在抗日战争、解放战争时期,大学生社团的发展始终与时代紧密相连。可以说社团的发展有力地推动了高校各项教育事业的发展,为提高学生的综合素质起到了关键的作用。目前高校学生社团得到了空前的发展,社团的类别、作用和活动形式发生了翻天覆地的变化,社团活动的品质有了明显的提升。从社团组织的活动实践来看,相对于其他政府组织,社团,特别是大学生社团,在促进社会进步方面拥有以下几方面的发展优势。

(一)创新优势

创新在社团组织发展中的突出作用无须质疑,这也是社团发展的必要条件。这种创新的优势既表现在对待新事物、新现象要及时、快速地做出应对,还包括在社团发展的过程中要敢于革新,敢于采用新的理论方法和管理措施;同时也表现在社团活动组织方式方面的创新,在组织活动的时候要注重调动广大群众的积极性与参与性,在活动的设计、开展环节做到新颖独特。

（二）深入基层群众，贴近广大学生的优势

社团组织的成员都是来自社会基层的群众，对各高校来说，学生社团的成员基本上都是高校学生，有些还是特意为高校弱势群体设立的学生社团组织，因此比较切近各成员的切身利益，会促进广大成员积极参与同其切身利益有关的制定规章制度、决策决议等方面的活动。同时，作为社会中的年轻力量，广大成员充满青春活力，热衷于社会事务，因此有能力也有兴趣深入社会基层生活中，特别是对于某些政府与各大单位、机构都难以触及的边远地区，学生社团尤其能表现出自身的优势。学生团体既有同社会基层群众和广大弱势群体保持密切联系的能力，也具有吸纳基层群众参与活动的感染力和热情。

（三）沟通优势

年轻人具有较强的社会沟通能力，因此广大学生团体能深入社会基层和民众中间，特别是带有公益性、志愿性、帮扶性特点的社团活动，既能和广大群众保持密切的联系，又能与主管部门和政府机构保持积极的联系，在政府和群众之间起到桥梁的作用；既可以宣传和推广国家的利好政策，又可以教育和动员广大民众，同时还可以将活动中所接触到的民情民意反映给社会主管机构，通过反映民众的愿望和意见，去影响主管部门的政策实施和计划开展，以期活动和政策的统一性得以实现。同时，社团组织还可以作为一条重要的纽带，在开展服务和活动的同时，在各企事业单位、学术组织、新闻媒体中发挥沟通协商、互助合作的作用。

（四）活动设计与开展灵活调整的优势

大学生社团的主要成员为在校学生，以广大师生和社会基层成员为服务对象，因此在社团活动的设计与开展方面，既要把握受众群体的特点和根本需求，也要在形式、内容方面做适当的调整和设计，力求新颖独特，有吸引力；同时在活动特点、活动方式上有较大的活动空间和弹性，以便根据不同地区、

不同人群、不同领域的变化及时调整,具有较强的适应性。

社会主义市场经济体制促进了国民经济的快速发展,"90后"大学生自出生就享受着改革开放所带来的巨大红利。随着生活水平的日益提高,在满足基本物质生活需求之后,人们对文化生活和精神生活的需求也逐渐增强。因此一些由普通社会民众,特别是在校大学生组织的与日常生活相关的健身、阅读、旅行、文艺等社团组织在一定程度上满足了人们的精神需求,并且通过活动的开展得到了广大师生和社会各界的广泛好评,对促进我国精神文明建设、提高广大国民的整体素质有着积极的推动作用。

我们应该意识到,无论社会发展程度多高,社会弱势群体依然存在。尽管我国已出台了一些对社会弱势群体的帮扶、救济政策,在一定程度上解决了弱势群体生活困难的问题,但是对这部分人群的帮扶是一个长期关怀(包括物质关怀和精神关怀)的过程,单靠一时的政府救济很难产生根本性的改变。"老吾老以及人之老,幼吾幼以及人之幼"自古以来就是中华民族的优良传统,社会团体的长期关怀就成为弱势群体关怀计划的重要补充。社会主义的社会保障制度属于经济制度的分支,这项制度的确立不仅依靠政府部门的牵头领导,也需要通过社会团体的力量开展帮扶、救济、助残等志愿服务。从这一层面上来说,大学生社团承担着一定的社会职能,所开展的一系列志愿者服务和非营利性服务为在全社会开展弱势群体的帮扶救济工作,营造奉献、互助、有爱、和谐的社会氛围,引导社会风尚和维护社会稳定,做出了积极的贡献。

目前,科教兴国的战略已经深入人心。21世纪的竞争归根结底是人才的竞争,是科技的竞争,是科技、人才、经济三者结合的竞争。而目前困扰我国经济发展的一大难题就是科学技术发展与经济发展脱节的问题。科学技术的发展依靠两大土壤:一是企事业单位所主导的专门的生产、科研部门,另一部分就是由各高校科研组织牵头、以各高校师生为主的高校科研班子。两大土壤的相互融合可以促进科技事业与经济事业的发展。而以高校学生、高校教师为主要科研力量的学校社会团体组织能在一定程度上起到科技中介的作用，推动科技与经济发展的融合。同时，可以培养学生的科学精神和学习能力，有针对性地开展人才培养与科研课题研究工作，为我国科研创新工作提供强有力的支撑。

市场经济带来了经济繁荣，但是一味地追求经济效益必然有悖于可持续发展、环境保护和自然资源合理使用的理念，在短期内经济效益的快速增长必然会带来环境保护方面的巨大危害。我国自20世纪90年代开始，相继成立了许多立志于环境保护、资源保护的民间团体，各高校中也不乏这样的学生社团。如中国政法大学的环境资源法研究和服务中心，他们以环境保护为己任，利用节假日开展无偿的宣传、志愿服务，倡导环保理念，是社会公益性服务的生力军。

现在，随着学生社团文化的不断繁荣，学生社团的内容和形式呈现出多样化的特点，并且逐渐实现了由传统慈善到社会公益、由政府引导到自主参与、由经济发达地区到经济落后地区、由单兵作战到互助合作、由闭门造车到国际交流的转变。学生社团组织在现代生活中身份特殊，年轻人也愿意关注社会热点问题，所开展的活动大都在社会公共区域，尽己所能地利用各种资源为群众提供服务，甚至为政府做一些查漏补缺的工作，减轻了政府的工作负担，有效地缓解了一些矛盾和冲突。

四、网络时代，推进大学生社团品牌化发展的必要性

（一）网络时代为高校思政教育提供了新平台和新挑战

网络时代可简单理解为把各方面信息通过网络连接起来的崭新时代。网络时代中，人们可以借助网络隐蔽性强的特点自由地表达；另一方面，网络把过去工业时代那种系统的知识体系零碎化，知识结构和细节理解更人性化。曾有人总结，互联网时代是混搭、跨界、穿越的时代。网络作为人类社会继报刊、广播、电视之后的新兴媒体，实现了人类社会文化信息交往的新突破。它不仅是一个人机互动系统，也是一个全新的思想领域，更是各高校进

行思想政治工作的重要阵地。互联网用户逐渐增多,已为高校思想政治工作增添了新的内容,拓展了新的渠道,提供了新的手段,其积极作用十分明显。认真研究网络文化的特点、规律,充分利用网络的开放性、互动性、平等性等特点,将网络这块思想政治工作的新阵地耕耘得更加丰富多彩,是每个高校在网络时代面临的新课题。

目前,网络文化已经形成了现代文化中崭新的文化形态。互联网加剧了各种思想文化的相互激荡,成为信息传播和知识扩散广泛、快捷的新载体。它的独特性、丰富性、便捷性都是其他任何文化形式都难以比拟的。网络作为重要的文化生产、消费、服务和交流场所,精英文化与草根文化并存发展,也使得人民群众的文化创造积极性在网络时代得到极大迸发,文化权益得到有效实现、发展和维护;同时,网络改变了传统信息的传播模式,为发展公益性文化事业、提供公共文化服务创造了新的空间;网络作为最为先进的文化传播工具,将有利于我们建立更为便捷、更为广泛的社会主义文化传播体系,可对内有效增强社会主义文化的吸引力,对外有效加大文化交流,提升中华文化的国际影响力。

(二)大学生社团充满无限活力

学生社团兴起于西方,18世纪中叶西方国家就已经出现了学生社团的雏形,发展到今天,西方国家中的学生社团已成为大学里不可或缺的学生组织。改革开放以后,伴随着市场经济的迅速发展,我国高校的教育教学体制开始改革,大学生人数随着不断扩招而逐渐增多,高校学生社团也在不断发展壮大,日益成为我国高等学校开展大学生全面素质教育的重要载体,也是高校教育教学的"第二课堂"和校园文化建设的重要阵地。学生社团的存在与发展,能够影响大学生的学习生活方式、思想道德修养、价值取向等。与其他官方的、社会成分较为复杂的社团组织相比,大学生社团的成员成分较为单一,都是以高校师生为主,组织的活动大多以高校师生为服务对象,因此,这种成员成分较为单一的社团组织在激励成员提高工作效率等方面有一定的优势。处于基层的大学生社团,一方面根植于社会基层,另一方面大学生特有的青春活力、对社会热点问题的关注程度普遍高于其他群体等特点,可以使其成为政府职能的有益且有效的补充。

(三) 从心理学角度分析大学生社团存在的必然性

借助人本主义心理学家马斯洛的需要层次理论分析,一旦人满足了生理、安全、生存、温饱等方面的最基础的需要之后,就会转向对归属感、爱与尊重、自我实现等高层次的社会性需求。社团在一定程度上满足了青年学子的社会性需求,特别是由社团组织牵头的一些活动,多带有公益性、服务性和利他性的色彩,既满足了个人发展的需要,也服务了社会。同时,大学生社团组织和设计的活动在创新性、灵活性、广泛性方面的较大的优势,也是近些年来各高校对其积极扶持的原因。

五、网络时代,加快社团组织发展的对策与思考

学生社团是学校进一步推动素质教育,实现特色办学的有效方式,也是落实教育新政的重要举措。学生社团作为学校校园文化的重要组成部分,作为学生课余文化的主要载体,是学生素质拓展的重要舞台。设立和健全学生社团,正确引导学生社团组织健康发展,对有效提高学生素质,让学生在多彩的校园生活中体验生活、涵养心灵,促进学生的多元化成长有着重要意义。

(一) 明确社团的基本属性

我们不得不承认,由于长期应试教育的影响,课堂教学在发展学生智能的方法上出现了严重片面化的倾向。一些学校的教学不考虑学生的智力特点和水平,只片面进行所谓的智力训练,用单一的标准评价学生,分数高则一切都好,分数低,则一切都坏。这严重摧残了学生的个性,不利于学生健康发展。学生社团活动在某种程度上弥补了这些不足。大学生社团存在的根本目的,就是为了丰富广大师生的课余生活。大学生社团是一种灵活又自主

的研究、交流、互助、合作平台,在这个平台上,可以充分展现学生的能力与活力,帮助学生"自我发现、自我建设、自我实现",是学校日常管理的有效补充。因此,校方要充分意识到社团建设在校园文化建设方面的重要作用。社团是学校管理者与广大师生互动的重要桥梁。学生是涌动着无限活力的生命体,是教育的起点和归宿。把个体精神生命发展的主动权还给学生,是现代教育的价值取向与追求。我们要把这一现代教育理念拓展与辐射到学生社团建设的实践中去,使之沉淀为学校的教育理念、教育方式、教育特色,让学生充分享受到生命成长的快乐。

(二)加强政府和上级主管部门对社团组织的管理与扶持

首先,要强化学校对社团组织的管理。学校的各级教学、管理部门是相互渗透的,没有哪一个部门可以独立存在,学生社团的日常管理和活动开展必须遵守学校管理的各项规章制度。学校管理部门应定时对学生社团所开展的活动进行指导和督查,帮助社团沿着健康、有序的道路发展。其次,学校管理层面还应对各类学生社团进行分类指导和分级管理。从组织规模、活动范围、社会影响力这几方面来看,不同的社团所侧重的方向不同,因此在管理方式上不能简单地"一刀切",而应该在对现有的学生社团进行登记之后,按照社团的不同性质进行分类、分级指导,做到有的放矢、特色鲜明、管理到位。最后,社团的发展离不开学校政策的扶持,对影响较大、发展较好、规模较大的社团要给予一定的政策扶持,赋予社团发展更多的自主权,采取措施,促其发展。

(三)加强社团组织的能力建设

未来学生社团将是学生学习成长的共同体。随着新课程改革的普及,未来学校间的竞争将主要体现在个性化的课程服务方面,谁能为学生的个性发展提供独具特色的课程,谁就能培育具有"主动发展"能力的人才,谁就能获得更大的社会影响力。从学校的内涵发展看,社团建设是为了培养学生的自主意识，激发学生的学习信心；从兴趣导向上看，社团建设也是学校教育教学的有效载体，与学校的教育教学工作是一个有机整体；从改革评价机制上看，是用富有创意的方式激励学生的上进心，有新意、有特色。学校还应建立相应的社团干部培训和社团骨干成员培养机制，加强社团干部队伍建设，提高他们的综合素质和管理水平，发挥社团骨干的积极带动作用，促进社团活动健康发展。高校学生社团由于自身的性质和特点，运作情况通常与社团负责人和主要成员的综合素质、能力和管理水平有着密切关系。因此，负责对学生社团指导和管理的部门必须把对社团负责人及骨干的培训放在首要的位置。

（四）推动社团组织内部管理制度化

学生社团是高校校园文化建设的主要阵地，是加强和改进大学生思想政治教育的重要途径，是学生创新精神和实践能力培养的重要载体。加强高校学生社团的建设与管理，对于提高教育教学质量、丰富校园文化建设、促进学生成长成才具有重要的意义。社团建设过程中，以制度建设为切入点，从而实现对学生社团的科学、规范、有效管理是社团发展的必由之路。高校应建立专门的学生社团管理和指导部门，并根据学生社团存在和发展的实际需求，遵循学生群众性组织发展的客观规律，制定相应的规章制度，明确规定学生社团成立的条件、登记注册程序、开展工作和活动的要求、考核评定的办法等。高校学生社团在规章制度下拥有完全的自主发展空间。制定规章制度的目的，是为了保证社团发展的方向，使高校学生社团的建设和发展走上规范化道路。另外，制定的规章制度要力求科学化，注重学生社团责、权、利的有机结合。

大学阶段，社团如雨后春笋般不断发展，深受学生的喜爱，但学生社团的生存与发展，也会受到各种因素的限制。比如，社团活动与学业的矛盾，社团的规范经营与活动经费的矛盾，社团的规模与学生参与面的矛盾，等等。我们要经常开展调查研究，在总结经验的基础上，进一步探究社团存在的价值，提升社团品位。围绕学校的中心工作,使社团工作制度化;与学校文化相结合,使社团工作特色化;与探讨团委工作、学生会工作相结合,使社团工作科研化。随着办学理念的提升和学校文化的建设,相信社团这个发挥学生各种潜能的有效载体会得到持久的发展。

| 参考文献 |

[1] 毕监武. 社团革命——中国社团发展的经济学分析 [M]. 济南:山东人民出版社,2003.

[2] 王智平,李建民. 大学文化论 [M]. 北京:中国社会科学出版社,2009.

[3] 申作青. 当代大学文化论 [M]. 杭州:浙江大学出版社,2006.

第八讲

如何在信息网络时代培养健全的人格

一、人格与健全人格

（一）人格的内涵

1. 人格的概念

"人格"（Personality）一词源于拉丁文"persona"，原意是指"面具、脸谱"（mask），其本意是指古希腊罗马时代戏剧演员在舞台上为了扮演各式各样的角色所带的面具。面具随着人物角色不同而变换，体现角色特点和人物的性格，类似于中国戏曲中的脸谱。而后指演员本人，一个具有特殊性质的人。现代心理学沿用"persona"的含义，意为人格。其中包含了两个意思：一是指一个人在人生舞台上所表现的种种言行，人遵从社会文化习俗的要求而做出的反应。即人格所具有的"外壳"，就像舞台上根据角色要求而戴的面具，反映出一个人外在表现；二是指一个人由于某种原因不愿展现的人格成分，即面具后的真实自我，这是人格的内在特征。

"人格"一词，为诸多学科共同关注，但它却是一个不易界定的概念。美国学者赫根汉指出，关于人格有多少种理论就有可能有多少种定义。不同学科，甚至同一学科的不同流派，往往都会从不同的角度出发，对人格的某一维度或者某些方面进行界定,从而得出不同的结论。目前学术界对人格的定义,据统计有100种以上。例如,哲学上的人格,是指具有自我意识和自我控制能力,即具有感觉、情感、意志等机能的主体,它是唯一真实的存在,是一切其他存在的基础;社会学认为,人格是社会团体中的角色特征,人格是社会背景的反映;从法学意义上考察,人格一般是通过社会等级和财产隶属关系体现的,人格成为权利和义务主体的资格,现代法学意义上的人格不仅指有生命的自然个体,也指无生命的某个社会组织;伦理学上的人格,称为道德人格,是指个体通过加入道德关系,参与道德生活,意识到自己的道德责任和道德义务以及人生的价值和意义,从而自觉选择自己做人的范式,培育自觉的道德品质,丰富和完善自己的精神世界;在心理学上,人格又称个性,指个人稳定的心理品质,包括人格倾向性和人格心理特征,前者包括人的动机、需要、兴趣、信念等,决定人对现实的态度、趋向和选择,后者包括人的能力、气质和性格,决定着人的行为方式上的个人特征,这两方面的有机结合,使人格成为一种整体结构。

综合以上学科对人格概念的解释,我们将人格的定义进行如下概括:人格是个人各种稳定特征或特质的综合体,它显示出个人的能力、思想、情绪和行为的独特模式。这种模式是社会化的产物,同时又影响着个体与环境的交互作用。

2. 人格的基本特征

(1) 人格的整体性。

人格不是指单一的人格特质,也不是多个独立的人格特质堆砌起来的,它是指个人身心多种成分和特质的有机整合。一个现实的人的行为不是某个特定部分运作的结果,而是各部分协调一致朝向一定目标的结果。

(2) 人格的稳定性和可塑性。

人格的稳定性表现为两个方面:一是人格的跨时间的持续性,在人生的不同时期,人格持续性首先表现为自我的持久性;二是人格的跨情境一致性,人格特征是一个人经常表现出来的稳定的心理与行为特征,那些暂时的、偶尔表现出来的行为则不属于人格特征。人格的可塑性体现在两种情况:第一,人格特征随着年龄增长,其表现方式也有所不同;第二,对个人有重大影响的环境因素和机体因素,都有可能造成某些人格特征的改变。

(3) 人格的独特性。

人与人之间的心理和行为是各不相同的,世界上任何两个人都不会具有完全相同的人格。每个个体都具有一些他人所没有的个人特质,这些特质是在遗传、环境和学习等许多因素下发展起来的。

(4) 人格的遗传性和社会性。

人格的形成与发展离不开先天遗传与后天环境的交互作用。遗传是人格不可缺少的影响因素,通常在智力、气质这些与生物因素相关较大的特质上,遗传的作用较重要。而在价值观、信念、性格等与社会因素关系密切的特质上,后天环境的作用可能更重要,每个人的人格都打上了其所处社会的烙印。

(二) 健全人格

1. 健全人格的概念

健全人格是在人格研究中逐渐产生并形成的一个新概念。培养健全人格,是新时代以人为本理念的体现。由于研究者学术角度和应用角度的不同,对健全人格的定义不尽相同。一般来讲,健全人格是指人的机体、品格、心理素质、意志等方面得到全面和谐的发展,是个体在适应现实环境和发现、展示自我的积极存在过程中形成的和谐、自由、开放、高效的人格模式,是一种具有和谐的内部机制和行为上富有高效能的人格状态或境界。社会学将健全人格理解为被社会化的过程。一般认为,如果一个人对外部环境和社会关系有着良好适应能力,就是具有正常健全的人格。反之,如果一个人难以适应社会,对周围环境难以做出正确反应,难以妥善处理人际关系,甚至做出逾越社会道德的事情,则被视为人格不健全。

2. 健全人格的特征

由于个体人格的完善并不是天生就形成的,而是不断社会化的结果,因此健全人格既是人格形成发展的过程,也是人格发展的目的和最高境界。健全人格表现为以下基本特征:① 人格结构中各个方面得到协调、充分的发展;② 能有效适应变化着的社会生活环境,并且自主性、创造性得到充分发挥;③ 对身心健康、潜能发挥以及社会生活的诸多方面产生积极有效的影响;④ 体现人与社会的协调,并代表着人类社会发展的积极方面。

与健全人格相对立的是病态人格,是一种由于人格发展的内在不协调,在不伴随着认知、智力障碍情况下出现的异常情绪反应及行为活动,如偏执型人格、自恋型人格、分裂型人格、强迫型人格等。病态人格的特征有:① 一般从青春期开始,男性更早些;② 人格严重偏离正常,性格某些方面非常突出和过分发展;③ 严重情感障碍,情绪不稳定;④ 行为的目的和动机不明确;⑤ 缺乏自知力;⑥ 病态人格一旦形成,比较恒定且不易改变;⑦ 矫正困难,预后较差。

(三)高校健全人格教育

1. 高校健全人格教育的必要性

(1)符合现代社会对人才的需求。

现代社会是一个民主、开放、多元的社会。经济不断发展,市场经济体制不断健全,社会对人才的需求观不断改变,除了重视专业能力外,还对毕业生的综合素质、人文素养、为人处世、人际交往、统筹协调等能力日益关注。高校就业分配制度发生变革,需要大学生自己找工作,就业市场竞争激烈,使得大学生一入学就面临着学习、经济、人际、就业等多重压力。而人格是一个人素质的重要组成部分,对其综合素质的提升也有着重要作用。当前我国高校素质教育的目标是培养有良好政治、思想、文化、道德和心理品质的社会主义合格接班人,而最基础的工作就是塑造大学生健全的人格,使每个人都具有健康的个性,将来能积极投身社会,并且能抵御多元社会不同影响的冲击,推动社会不断向前发展。

(2) 高校德育工作的基础。

高校德育工作包括思想政治教育、品德教育、行为教育等。大学生人格培养工作与高校德育工作联系密切,只有从最深层次的人格教育入手才能够从学生思想意识层面出发进行其他素质教育的渗透。人格是人之思想、道德、情感等在社会实践中产生的综合反映,是个体人生观、世界观、价值观形成的依据,如果缺少了人格作为内在依据,缺少人格教育作为基础,那么德育理论灌输很难发挥作用。

(3) 有利于大学生全面成长。

大学生正处于人生调整定位期,是个人健康人格形成的重要阶段。他们根据需要转换角色,适应社会生活,在激烈的人格冲突和选择中不断摸索前进的方向,逐渐形成自己独特的人格特质。高校作为培养社会人才的摇篮,有责任帮助大学生不断努力完善自己的人格结构,纠正可能出现的人格缺陷和障碍,最终形成积极健康的人生观,向着自己理想人生的目标迈进。一个人除了才华和机遇外,人格便是决定其一生成功与否、幸福与否的关键。

2. 大学生健全人格的特征

(1) 正确的自我认识。

有着正确自我认识的人,对自己有全面客观的了解,清楚自己的特长和不足,在此基础上接纳自我,即使遇到挫折、冲突也能保持积极乐观的心态,摆正自己的位置,建立实际的人生目标并不懈努力,在过程中提升自我、完善自我。

(2) 良好的社会适应能力。

适应是一个人能使自己与客观外在现实相协调并不断向前发展的过程。现代社会飞速发展,对现代人提出了"学会适应"的要求。具有健全人格的人表现出强烈的社会责任感、人际交往能力和关怀精神。大学生在顾好自己专业学业的同时,应该置身社会,了解社会需求和发展,通过不断调整自己来应对社会中的各种机遇和挑战。

(3) 心理和谐发展,情绪平衡稳定。

大学生心理和谐发展表现为认知、情感、意志的和谐一致,健全人格要懂得处理自我意识与外在环境的关系,如和他人、和社会的关系,做到情绪、心态平衡稳定,拥有承受困难和抵抗挫折的能力,能合理调节情绪,在情绪不良时懂得适当的宣泄和排解。

(4) 具有与时俱进的创新能力。

每个人都具有从事创造性活动的可能,只是在能力的发展和发挥作用水平上有所不同。创新对社会来说,是进步的源泉;对大学生来说,是进步的力量。大学生健全人格的培养也要与时俱进,在拥有知识储备的基础上,敢于发现问题、提出想法,有效利用社会资源和科技、信息的发展,将创造动机和欲望付诸实践。

二、当代大学生的人格现状

(一) 当代大学生的人格特点

1. 自我意识趋于成熟

自我意识是指个人对身心以及自己与周围事物关系的认识,包括自我认识、自我体验和自我控制。自我意识是反映大学生人格健康的重要标志。大学阶段是青年自我意识高速发展的特殊时期,大学生的自我意识在分化、矛盾中逐渐走向成熟和统一。其主要表现在以下几个方面:一是自我形象日趋完善。大学生不仅在外在形象上关注自己的穿衣打扮,追求时尚和潮流,而且更多地需要从自身性格、才干、人生观、价值观等方面深入认识自己,使自我形象更加饱满和理想化。二是自我体验更加细腻、敏感。大学生处在一个"善感"的年龄阶段,尤其重视自己的表现和在别人心目中的形象,自尊心强,争强好胜,于是对与自身有关的事物比较敏感,情绪情感也容易反复变化。三是自我控制能力提高。"90后"大学生有明显的自主性,不喜欢服从规则,希望按照自己的意愿行事,会自主规划目标和计划,在追求理想过程中也会根据自身和外在环境的要求做出适时调整。

2. 传统人格与现代人格交融

由传统社会向现代社会转变是历史的必然趋势。现代性与传统性之间存在继承性,也存在冲突性。在市场经济时代,受多元文化影响,人们的思想更加开放,但是传统的思维方式、处事方法和价值观仍然影响着人们的思想和行为。在传统文化和现代文化相互交融的大环境中,很多当代大学生不同程度地出现了"双重人格",例如,很多"90后"大学生创新意识强,积极主动性高,参与度高,勇于竞争,但是也有缺乏主见、畏首畏尾、封闭保守等特点。

3. 独立意识强烈,自理能力欠缺

大学生从小生活在父母与家族长辈的关爱和呵护之下,随着青春期的结束,他们强烈渴望从父母的管辖和束缚中摆脱出来,独立思考,按照自己的想法做事,希望别人能把自己当成人看待。但是另一方面,他们的自理能力不强,对父母和老师的依赖性强,能让别人帮助完成的事情决不自己动手,与想要独立的心态形成强烈对比,体现出独立性与依赖性并存的矛盾。

4. 自我期望值高,心理承受能力薄弱

中国向来有"望子成龙、望女成凤"的思想,大学生承载着家长和社会的殷切期望,自我成才愿望非常强烈。一些大学生理想化思想严重,自视水平高,较强的成就动机驱使他们相信只要努力就能达到想要的结果,却忽视了成长道路上也有艰难险阻,也会阴云密布。加上多数大学生从小到大一路平顺,缺乏社会经验,缺乏抗挫折能力,以至于一个小小的学习、情感、生活等方面的挫折,就能让他们情绪抑郁、一蹶不振,如果这些问题不能得到有效的疏导和解决,就有可能形成心理障碍和问题人格。

5. 虚拟关系广,现实交往能力差

信息网络时代的到来,改变了人们的生活方式。手机、互联网已成为大学生生活、人际交往中必不可少的一部分。每天有海量信息通过新媒体平台传递给大学生,让大学生在收获知识、了解资讯的同时,在思想观念、价值取向、思维模式等方面受到巨大的影响。网络的发展使大学生驶入了成长和发展的快车道,但是对其人际交往也产生了双重的影响,即虚拟关系广、现实交往能力差。网络的隐蔽性给学生提供了极大的自由空间,学生可以在网络上夸夸其谈,游刃有余,充分展现自我;但是在现实生活很多学生却不知道如何与人交流,不懂得人际交往的规则,缺乏人际交往的技巧,久而久之,会让学生越发远离现实社会,活在虚拟世界中,甚至产生人际障碍,人际关系淡化、人际距离疏远,出现孤独、苦闷、焦虑、抑郁等情绪问题,而这些问题依靠虚拟关系根本无法解决。

(二)当代大学生的人格缺陷

人格缺陷是相对于人格障碍而言的。人格障碍是一种病态,而人格缺陷是指人格的某些特征相对于正常而言的一种边缘状态,在正常人身上均有体现,也可以说是一种人格发展的不良倾向,是可以通过心理教育和人格塑造得到改善的。改革开放30余年来,市场经济制度导致社会制度的转型,科技发展日新月异,多元文化不断渗透,大学生在吸取优秀经验的同时,也遭受着负面信息的冲击,而大学生的心智并未完全成熟,不利影响易对其健康人格的形成产生负面作用。除此以外,不良的家庭环境、校园氛围,网络的负面影响对于涉世未深、辨别是非能力较弱的大学生来讲,在心理上容易产生诸多矛盾冲突,使某些人格弱点凸显出来,形成心理疾患,从而导致理想人格的失落。总结起来,当代大学生人格缺陷具体表现在以下几个方面:

1. 理想、信念失落

富有高尚的人生追求是人格健全的基本标志之一。要想成为一个成功

者,就应该确立高远的人生理想,要有坚定的信念。改革开放的不断深入,多元化的社会利益矛盾日益由隐性转为显性的公开化,对大学生的世界观、价值观、人生观产生了不小的冲击,继而转化为一种注重实用的、功利性的个人价值实现机制,注重物质追求,注重索取,一味享受别人对自己的付出,而不履行自己的职责。部分大学生觉得在大学的主要任务是学习和拿证,缺乏远大的理想和奋斗目标,不太关心国家大事和社会生活,忽视道德修养的培养。有的学生能意识到塑造健全人格、提高修养的重要性,但是在实际生活中却缺乏自律,违反社会道德规范的行为时有发生。

2. 心理失衡

如今的大学校园没有了往日的平静和安宁,大学生面临的学习、就业、情感、人际、生活等压力日益增大,大学生心理失衡问题突显。相当一部分大学生处于没有信仰、无所依托的"自由"状态。

心理失衡表现在以下方面:一是精神世界匮乏,消极颓废。部分大学生因缺乏理想和学习动机终日沉迷在网络的虚拟世界中或者风花雪月的谈情说爱中,对前途困惑迷茫,虚度光阴,无所事事。二是浮躁心态严重。如今的大学生俨然成了"拇指一族",整日手机不离手,聊天、娱乐,很难静下心来读书学习,学习的目标仅是及格。但是求职过程中却自视甚高,总是向往大城市、高薪酬,找不到理想的工作便怨天尤人,从不在自己身上找寻原因。三是虚荣心、嫉妒心强。一些大学生相互之间攀比吃穿,有"别人有,我也要有"的虚荣心和嫉妒心,有些甚至好计较、好嫉妒,不能宽容别人,在大学校园里因为嫉妒产生的口角、暴力伤害事件时有出现。

3. 人际关系失调

近几年大学心理咨询中心接待的来访者,半数以上是因为人际关系有问题而前来咨询。有些学生交往范围狭窄,缺乏人际交往技巧。有些学生生性孤僻,不愿与周围同学交流,狭窄的交往圈子限制了学生的全面发展。有的学生严重以自我为中心,与室友或同学的关系紧张,不懂得站在别人角度思考问题,喜欢把自己的意志强加于别人身上。长时间的人际紧张造成学生心情抑郁,焦虑敏感,严重者甚至出现心理和行为的异常。

4. 优秀道德缺失

很多学生缺少公德意识,转而奉行拜金主义、个人主义、享乐主义等腐朽思想。一些大学生的道德认知和道德行为发生脱节,道德认识、道德评判符合社会准则,但是道德行为的践行水平还有待提高。高校中不道德现象仍然存在,如考试作弊、奢侈浪费等,同时一些大学生的社会公德意识淡漠,在课桌上乱写乱画,在图书馆里大声接打手机,不注意维护社会公共秩序。又如,就业诚信缺失,同时与几家用人单位签订合同。另外还有经济诚信缺失、网络诚信缺失、生活诚信缺失等现象,给社会造成了大学生诚信度普遍下降的不良印象。

5. 意志品质薄弱

当代社会要求大学生具有克服困难、不怕挫折的坚强毅力。大学生常常把未来想得过于美好,忽视了前进路上的艰难险阻,加上缺乏社会经验、人生经历单一,应对挫折能力较弱,遇到困难就回避、退让,产生消极心态和行为,一蹶不振。意志薄弱还表现在有惰性、做事缺乏恒心和坚持上。受惰性心理影响,有些大学生生活迷茫,得过且过,有美好规划却不付诸实施。因为缺乏恒心和坚持,有些大学生做事只有三分钟热度,遇到困难便轻言放弃。

三、信息网络时代的大学生健全人格教育

(一)信息网络时代对大学生人格发展的影响

当今社会是个飞速发展的信息网络时代,通信技术、计算机技术日新月异,新媒体层出不穷。网络是一个庞大的信息源,网络信息平台的开放性,为学生开启了一扇了解世界的窗口。网络无时无刻不充斥着各种信息,既有时事热点、民生百态、突发事件,又有娱乐八卦、交友购物,用户既可以查找信

息,也可以发布信息。信息网络的开放性与跨文化性、虚拟性与隐蔽性、快捷性与即时性,使信息网络对人的思想更具渗透力和影响力,对大学生的认知、情绪情感、意志品质、行为习惯等人格要素产生了巨大影响。

1. 信息网络时代对大学生人格发展的积极影响

(1) 有利于促进大学生的全面发展。

人的全面发展是指人的体力、智力,各种需求、潜能、个性、社会关系等的不断发展,也就是说,人的全面发展不仅包括素质的全面发展,还包括人的需要和人的本质的全面发展。网络平台的内容丰富多彩,能够满足大学生的很多需求,促进大学生综合素质的提高。同时,由于网络交互性的特点,能够促进人与人之间的交流互动,加强大学生与他人、与社会的联系,培养其社会适应能力。

(2) 有利于大学生形成独立的意识。

每个人都有权利使用网络,分享网络资源,这种平等性打破了现实社会中人们的地位、年龄、阶层等差异。在互联网上,人与人之间以平等的关系进行交流。大学生处于快速成长阶段,渴望获得尊重,希望自己的行为得到别人的肯定。网络社会的开放性和交互性正好给大学生提供了一个可以在尽可能大范围内对自身的生命价值、自我意识价值进行探索的空间,由此促进了大学生自信心的增强和独立意识的形成。

(3) 有利于大学生调节情绪、释放压力。

大学生面临学习、生活、人际、就业等多种压力,加上自我调节能力不够完善,时常出现情绪的波动和起伏,焦虑、抑郁等心理问题普遍存在。网络文化多姿多彩,网络平台自由开放且隐蔽性高,无须拘泥现实的身份,大学生可以在网络中寻求任何适合自己的途径来排解心理压力,如聊天、购物、游戏、视频等。同时,网络给大学生提供了一个情绪表达空间,因为不用面对面交流,少了尴尬和顾虑,大学生更愿意通过社交网络抒发情感、宣泄情绪,使消极情绪得以排解,有效降低了心理疾病的发生。

(4) 有利于大学生提高创新能力。

大学生喜欢探索新鲜事物,思维开阔,富有想象力。在自由、宽松的网络氛围中,大学生可以愉快地了解各种感兴趣的信息,获取有用知识,学习各种技能,这些都有助于大学生拓展视野、开发思维,促进其创新意识的觉醒。大学生可以利用网络资源提出自己的观点和看法,甚至可以创造出自己的作品,把想法变为现实,这些无疑对大学生创造性的培养和创新能力的提高有很大帮助。

2. 信息网络时代对大学生人格发展的消极影响

(1) 对大学生世界观、人生观、价值观带来挑战。

诚然,信息网络时代可以给大学生带来学习和生活方面的海量资源,但是,凡事都有两面性,有些信息对大学生并不一定是有利的。大学阶段是学生逐渐形成世界观、价值观、人生观的关键时期,受外界影响极大,多元的网络文化带来的不良信息,如色情、暴力以及极端的个人主义、享乐主义、拜金主义等会让大学生变得浮躁,将其人格发展引向过度追求刺激、奢侈、享受等不健康的道路上,长此以往势必导致大学生"三观"的偏向。

(2) 影响大学生身心健康和人际交往能力。

信息网络时代让大多数大学生成了"低头一族",长时间使用网络会让学生对网络过度依赖,表现为上网时精神振奋,离开网络孤独焦虑,更有甚者会患上网络成瘾征;无节制地上网、持续的紧张兴奋状态会让人的身体不堪重负,近几年更有大学生因持续上网导致猝死的报道。除了对身心的影响外,学生将大量时间、情感寄托于虚拟网络,造成在现实生活中与他人的交往少了,与社会的接触少了,容易养成孤僻、冷漠、自我中心的性格,最终可能出现人际交往障碍,形成封闭性人格。此外,由于网络有匿名性的特点,一些学生在网上交际时经常扮演与自己性格和实际身份大相径庭的角色,用编造的虚拟自我尝试不同的生活,时间长了学生容易迷失自我,分不清楚虚拟和现实,导致双重或多重人格障碍。

(3) 导致大学生道德自律弱化、行为失范。

现实社会有道德、法律的约束,人必须按照一定的社会规范行事,否则将会受到惩罚。但是在网络虚拟世界里,由于其具有的自由性、平等性和隐蔽性,人的行为和真实身份并不是完全对应的,会让大学生有种可以"为所欲为"的感觉,加上信息网络平台监管不力,现实社会中的道德约束感和自律性有所弱化,大学生可以在网络上做出一些另类的甚至放纵、失范的行为,如传播虚假淫秽信息、用语粗俗、网恋欺骗他人感情等。模糊的道德价值观念可能导致学生在现实社会中出现不道德甚至违法乱纪行为。

(二) 信息网络时代如何养成健全的人格

1. 信息网络时代高校健全人格教育的途径

(1) 加强网络监管,增强大学生的法制意识。

因为网络具有极大的包容性,可以容纳各种声音,人们的行为也相对自由,于是网络在提供大量资讯的同时,也充斥着很多负面信息,易对大学生造成伤害。例如,利用大学生课余时间想找兼职的想法,一些网站看似提供就业信息,实则骗取中介费用。对此,高校应该加强网络管理,制定有关规章制度,利用技术手段,过滤有害信息;加强网络法规和网络伦理的宣传教育工作,让学生具备一定的法制意识,对网络信息有基本的甄别能力,对自己的网络行为有所监控;发挥思政教育的正面引导作用,引导学生全面认识网络这把"双刃剑",在发展人格的过程中,汲取所长,摈弃糟粕。

(2) 顺应时代发展,建立大学生健全人格教育的网络系统。

信息网络时代,通信技术不断进步,新媒体层出不穷,文化传播方式从传统的口语传播,经过印刷传播、电子传播,发展到现在的数字传播。目前,网络教育已然成为改革传统教育模式的强大动力和有力手段。为顺应时代发展,高校应充分利用网络新媒介,构建良好的网络教育系统,让具有正面导向作用的思想政治教育和人格教育占领网络媒体新高地,通过校园网、公众平台、远程教育等进行健全人格的熏陶教育,将有益信息发布于学生喜欢的新媒体平台上,容易引起学生的共鸣和自发参与探索的兴趣。

(3)加强网络道德教育,规范大学生的网络行为。

人格的健全发展,必须在一定的伦理道德约束范围内才能进行。由于网络的开放性、隐匿性和监管力度不足,大学生作为网络的活跃分子,网络道德弱化倾向明显,有些大学生缺乏判断力和自律性,甚至走上网络犯罪的道路。所以,高校应加强网络道德教育,引导学生学习道德伦理规范,教会学生分清善恶美丑,找寻合理宣泄情绪的途径,远离低俗,用自己的认知、良知对网络行为进行自省和监控。

(4)重视教师队伍建设,提升教师人格魅力。

古往今来,文化的传承,尤其是物质文化的传承都是由父及子、由师到徒。但近些年,这种现象在校园里有所改变。传统意义上来说,教师是校园里的主体权威,学生获取知识的主要渠道来自于教师。信息社会到来,网络技术高速发展,丰富的网络资源和强大的媒体力量让学生动动手指就可尽览天下事,接触到最新的资讯。在知识传授者的位置上,教师已不再是不可撼动的绝对权威,有些新事物、新技术还需要学生的"文化反哺"。为此,高校必须要重视教师队伍知识素质和业务能力的提升,做到与时俱进;而教师自身也要摆正心态,时刻保持学习的热情,不断修炼人格魅力,吸引学生将注意力从外界转向课堂;通过模仿和观察学习,学生也可以从教师的人格魅力中习得提升自己人格素养的有效办法。

(5)完善校园心理保障体系。

互联网、手机等新媒体之所以在大学生中广受欢迎,是因为不少大学生将其作为排解压力、抒发情感的有效途径。在现实校园中,学生心理健康方面的教育在学校越来越受到重视,绝大多数高校建立了心理咨询中心,并开设心理健康教育课程。网络世界十分精彩,但是对于一些自控力较弱的学生来说,一方面舒缓了压力,另一方面却容易沉迷,甚至形成病态人格。所以,高校必须通过宣传教育,让学生了解上网可能导致的心理问题,提高对不良网络文化的免疫力;同时,完善校园心理保障体系,对已经出现网络依赖、人格异常的学生提供专业咨询和心理疏导。

2. 信息网络时代大学生自身健全人格培养的措施

（1）进行正确的自我引导。

网络资源包罗万象，有精华也有糟粕。大学生虽然拥有积极探索新兴事物的热情，但有时候却不太理智，需要学校、社会、家庭给予正确的引导和教育。但是，仅靠外界力量是不够的，外因需要通过内因才能起作用。所以，大学生自己心里需要有一杆秤，正确地认识自我，对自我进行剖析，找出身上的优点和不足，利用网络优势扬长避短；树立正确的世界观、人生观、价值观，有理想，有信仰，培养正确的辨别能力，有一定的约束力，使自己的行为符合社会道德和伦理规范；学会自我负责，积极主动地挖掘自己的潜能，修炼自己的个性，建立适合身心需要和适应现代社会的健全人格。

（2）提高网络媒介素养。

网络媒介素养是指了解网络资源的价值，能够利用检索工具在网络中获取特定信息，加以处理利用，从而协助个人有效解决相关问题的能力。大学生需要正确认识网络的特点和功能，不仅将网络视为休闲娱乐的工具，还要主动发掘其强大的信息搜索、互动共享等功能，拓宽视野，发展自我。还要培养审美能力。网络文化良莠不齐，有高雅的，有低俗的，这需要大学生有一定的判断能力，能够清晰辨别出网络文化中的"美"与"丑"，防止文化中的低俗成分对自身人格造成影响。

（3）关注身心健康，寻找合理的宣泄途径。

身心健康直接影响个体的人格发展。长期沉迷于网络世界会让学生分不清虚幻和现实，伤害身体健康，还易导致心理问题。大学生面临学习、就业、人际等一系列问题，加上身心发展不成熟，缺乏有效应对的方法，人难免出现焦虑、抑郁等消极情绪。这种压力和情绪的宣泄并非只有网络一个途径，还可以利用自己的社会资源，如与同学、朋友、师长面对面交谈，运动，培养兴趣爱好，写日记等方式排解。当遇到不良情绪无法自拔时，应及时向心理老师、医生联系寻求帮助。大学生应意识到回避并不是有效办法,积极面对、主动寻求帮助才有可能从根本上解决困难,促进人格的和谐发展。

(4) 积极参加社会实践活动,在现实生活中锻炼自我。

俗话说,实践出真知,实践是人格发展的必由之路。网络时代,大学生中的"宅男""宅女"日益普遍。整日不出门与网络为伴,很少与人交流、参加实践活动,人很容易形成自我中心、孤僻的性格,离社会越来越远。所以,现在很多学校呼吁大学生走出寝室、走出网络、走进生活,也是希望能将大学生引导到现实生活中来,通过使大学生参加活动、社会实践等培养学生的团队合作精神、沟通能力、坚持不懈的品格,而这些对于学生锻炼自我、优化人格乃至最后就业成才都起着非常重要的作用。

参考文献

[1] 吴少怡. 大学生人格教育 [M]. 济南:泰山出版社,2010.

[2] 曾天德. 大学生健康人格塑造 [M]. 北京:中国社会科学出版社,2008.

[3] 罗晓明. 人格本位 [M]. 上海:上海文化出版社,2006.

[4] 黎红雷. 大学生健全人格培养途径与实践 [D]. 太原:太原理工大学,2014.

[5] 王海燕. 当代大学生健全人格塑造研究 [D]. 保定:河北大学,2011.

[6] 王彤. 当代大学生健全人格问题研究 [D]. 济南:山东大学,2008.

[7] 徐刚. 论当代大学生健全人格教育 [D]. 石家庄:河北师范大学,2013.

[8] 王瑶. 社交网络对大学生人格发展影响研究 [D]. 青岛:中国海洋大学,2014.

[9] 张康. 网络文化对大学生健康人格养成的影响和对比研究 [D]. 淮北:淮北师范大学,2015.

[10] 肖银辉. 网络文化对大学生人格教育的影响及对策 [D]. 北京:北京化工大学,2011.

[11] 浦宇岭.探析网络时代下大学生的人格教育及培养[J].赤峰学院学报(自然科学版),2013(12).

[12] 邹永星,黄维.网络时代"90后"大学生人格教育探究[J].中国教育技术装备,2013(36).

第九讲

怎样在信息网络时代提高创新能力

一、大学生创新能力

(一) 创新与创新能力

人类自脱离蛮荒时代到进入文明社会,已经经历了几千年。茫茫宇宙无穷无尽地演化着,我们不禁要问,是什么让人类对客观世界打开了思索之门?是什么力量让人类经历了原始时代、农业时代、工业时代,到现在的知识经济时代?答案是创新。创新是人类历史发展的原动力,是人类社会文明与进步的必然选择。一个国家要想改变经济、科技落后的现状,必须提高全民族的创新意识,培养大批具有创新能力和开拓精神的建设人才。那么,什么是创新?"创新"一词是指在批判或改变旧事物的过程中有新的发现、提出新的见解、开拓新的领域、解决新的问题、创造新的事物,或者能对前人已有的成果为了某种目的做创造性的应用。简言之,创新就是创造新事物。创新的结果有两种:一是物质的,如飞机、电脑等;二是非物质的,如新思想、新理论等。

根据劳动和社会保障部发布的《核心能力测评大纲——创新能力》,创新能力是指在前人发现或发明的基础上,通过自身努力,创造性地提出新的发现、发明或改进革新方案的能力。创新能力包括实践能力、思维能力、洞察能力、记忆能力、想象能力、分析能力、学习能力、决断能力、组织协调能力等。

(二) 大学生创新能力的构成要素

我们将创新能力的构成要素分为主导要素、支柱要素和背景要素三种。

1. 主导要素

主导要素是指构成创新能力的核心要素,即创新思维和创新动机。创新的过程是一个发现问题,构思解决问题的方法,将头脑中的解决方案付诸实践的过程。其中最困难的是构思方案,而构思方案源于创新思维。可以看出,人类所有创造性活动都是从创新思维开始的。而动机是启发人思维发散,促使人得出创新成果的内驱力。创新思维和创新动机互为补充。

2. 支柱要素

支柱要素是保证创新思维能力有效发挥的基础或关键因素,包括智力方面要素和非智力方面要素。智力要素与智力相关,如观察、记忆、想象、思维、判断、动力实践能力等;非智力要素是指人的动机、兴趣、情感、意志、性格等。

3. 背景要素

背景要素是指一切包围和影响主导要素和支柱要素的主客观环境要素的总和。包括个人的年龄、性别、体能、个人与他人与社会的关系、社会特征、政策、社会制度、舆论导向等多方面。

(三) 创新者的基本素养

很多大学生在创新面前望而却步,认为创新是少部分人的专利。他们把创新跟发明等同起来,认为只有高智商的发明家或者能推动社会科技进步的人,才能被称为创新者,而自己只是一个平凡渺小的个体,资质平庸,不具备创新能力。其实,人的创新能力是区别于其他动物的本能,其物质结构存在于人脑的结构之中。也就是说,每个人都具备创新思维和创新能力,只是因为在智力、非智力因素上有个体差异,存在境遇不同,人与人的创新能力才有所区别。但是归纳起来,创新者确实具有一些共同的基本素养,而基本素养决定了他们取得的成就的高度。

1. 创新动机

动机是引发并维持人的行动和追求,以达到一定目标的内在原因。动机的高低对人成就的高低影响很大。创新者需要对事物有强烈的洞察力、兴趣和好奇心,并且有内在驱力促使他进行思考和探索。只有让自己建立创新、创造的浓厚兴趣,才能产生不断探究、积极从事创造活动的意识和动力。当实现目标时,愉快的情绪体验又能反过来激励自己产生新的兴趣,朝新的目标迈进。

2. 创造性思维

创造活动离不开灵活、发散的创造性思维。人们平时在思考问题时,容易受思维定式的影响,跳不出原来的思维习惯,限制了创造性的发挥。创新者需要有怀疑、批判和求异精神,不墨守成规,不拘泥于经验,要善于发现改变现状的契机,根据已有的知识储备进行组合和迁移,创造出新成果,或者通过联想和发散思维,产生新的思想,找到解决问题的新办法。

3. 创新人格

创新人格个性心理品质主要包括自控性、自主性、独立性、冲动性、探索性、灵活性和耐久性。创新者需要在实践中,拥有主动积极的探索精神和勇敢坚韧的品格。创新的道路上会遇到很多艰难险阻,成功往往是建立在数不清的失败之上,一个人只有把挫折当成不断前进的动力,坚持发掘自身的潜能,并将这些内化为稳定的个性品质,才能形成创新人格,并使之成为提升自己创新能力的强大内驱力。

4. 丰富的知识储备和较强的学习能力

创新是建立在已有知识储备和经验上的,丰富的知识储备是创新的材料、基础和背景。在知识经济时代,创新者要有终身学习的理念,培养出较强的学习能力,才能跟得上时代步伐,用新知识和新信息武装头脑,不断进行观念更新和实践创新。

二、高校创新能力教育

(一)大学生的创新能力存在的问题

1. 创新意识不强

意识是指人脑对客观物质世界的反映,是人类感觉和思维等各种心理过程的总和,而创新意识是指学生对从事独特、新颖且有一定意义活动的一种自觉的心理状态。大学生的创造活动源于创新意识,大学阶段是大学生创新意识迅速发展的关键期,在大学生创造性思维和行为发展过程中起着重要作用。大学生创新意识的结构要素包括好奇心、求知欲、怀疑感及创新需求、动机、思维等。由于一直以来中国教育中创新启蒙教育不足,长期从事应试教育的教师不重视培养学生的创新思维和能力,导致大部分学生创新意识淡薄,习惯循规蹈矩的学习方式,不注重思考和反省,甚至把创新、创造认为是发明家和科学家的专利,缺乏主动探索的个性和坚持的精神。再加上新媒体时代很多大学生对电脑和手机上的娱乐、游戏、资讯深深着迷,早已忘却自己上大学的意义,对前途的追寻缺乏动力,就更谈不上创新能力的培养了。

2. 创新知识薄弱

创新能力的提高是一个日积月累、循序渐进的过程,有强烈的创新意识就不能缺少必要的知识储备。目前中国的教育不管中小学还是大学,对于同样的学科,专业设置和知识结构雷同,教学计划比较统一,课程与课程之间缺乏联系,让学生很难在相邻学科发生知识发散和迁移。此外,对前沿知识涉猎不多,课本陈旧,更新较为缓慢。学生学的多是死知识,难以发掘学习兴趣和热情,而创新能力的培训课程也相对匮乏,这些对提高学生创新能力都非常不利。

3. 创新思维缺乏

创新思维是指开创人类认识新领域，拓展人类认识新模式的思维，是以反常规或超常规的视角去观察思考问题，提出与众不同的解决问题的方法，或者组合已有的知识、技术、经验等，获取创造性思维成果，从而实现主体创造能力的思维方式。大学生创新思维具有新颖性、独创性、突破性、目的性、预见性、求异性、发散性、突变性等。"90后"大学生的想象力和发散思维较以前有很大提高，但是由于知识面相对较窄、缺乏创新的启发式的教学方式，很多大学生的思维方式还像以前一样是单一的和直线式的，思维缺乏灵活性和变通性，很难从全面的视角或者转换不同角度去把握问题。

4. 创新实践不足

现在的大学生思想走在时代的前沿，对新兴事物很感兴趣。他们有创造成果的想法，但参与实践时却有很大的反差，可以说是"思想的巨人，行动的矮子"。目前高校的大学生，一部分人热衷社会工作，比如参加社团或做兼职，一部分人只埋头学习，还有一部分人心浮气躁，上学完全为了混文凭，真正有创新想法的人不多，而将想法变为实践的更是少之又少。参与社会实践特别是科技类的创新实践对于培养大学生创新能力的作用不可低估。

（二）高校创新能力教育的现状

1. 对创新能力教育的认识有偏差

目前很多高校对创新型人才的培养都非常重视，主要的出发点在于提高毕业生的就业率，除了传统就业途径外，鼓励大学生自主创业。其实，从认识上来讲，不少学校将大学生创新能力的培养等同于上创新或创业课程，有些学校不仅专门开设相关课程，还设立学分，最后用这门课程的成绩或者学生毕业创业的情况作为创新能力培养的成果，忽视了创新能力的培养不仅仅体现在创业的结果上，也应该贯穿于全部教育教学活动或教育理念的传授上，培养的关键是能力、思维、视角、素质等，而不单是得到结果，应更广泛地体现在今后学生从事不同岗位的创造性工作中。

2. 教学内容和方法陈旧,创新型师资匮乏

目前中国高校的教学内容普遍还是以传授知识为主,不同专业的教学内容受大纲教学的约束,相对比较固定,教材更新缓慢,特别是一些与科技前沿相关的专业,甚至因为教学内容陈旧导致与社会岗位需求脱节,出现了社会需求大而部分学生无法找到匹配工作的状况。教学方法仍然坚持以教师课堂教授为主,学生学习比较被动,学习动力不足。而教师本身也是传统应试教育模式下培养出来的,创新型师资少,教师的一些传统观念在一定程度影响了学生创造思维、批判思维、辩证思维等的发展,限制了学生的个性发展。

3. 创新教育条件跟不上,实践平台缺乏

目前我国大部分高校,用于大学生创新能力培养和科研活动的条件有限,资金投入严重不足,硬件设备陈旧,吸引不了学生创新的热情和兴趣。由于重视不够,有些学校无法给学生提供创新的实践平台,不能满足学生实践的需要。多数高校无法给学生提供多样的校内外联动的科技创新基地,对创新能力的培养还是以传统灌输式的教学方法为主,鼓励创新的校园文化氛围尚未完全建立。

三、信息网络时代大学生创新能力的培养

(一)信息网络时代对大学生创新能力的影响

1. 积极方面

(1)网络是大学生获取知识的重要途径,促进学生知识结构的建构。

在信息网络时代,人才培养是否成功,很大程度上取决于信息的数量和质量。互联网每天以较快的方式传播着各种最新的信息和资讯,大学生在学习知识、掌握信息方面有着得天独厚的条件。作为接触网络最活跃的群体,上网已经成为大学生快速获取知识的重要途径,而传统的以教师为主的教学

方式也受到了挑战。网络不仅能使大学生快速获取更新、更广的知识,拓展知识面,而且还能促进学生知识结构的建构,实现学习过程个性化,让大学生按照自己的需要和水平自主选择学习内容和进程,设计符合自己需要的学习方式,最终学习目标的达成和学习效果都较传统的教学模式更佳。

(2)和谐民主的网络文化环境能促进学生思维水平的提高。

网络的最大特点就是自由性、开放性和平等性。任何人,无论身份,都可以自由地登录,发表自己的言论,而且网络是平等的,这种无拘无束的平等交流方式,给人们提供了一种和谐民主的文化氛围。大学生在这样的氛围中与不同的人结识,表达意见,碰撞思想,交换资源,扩展眼界,能有效促进个性化思维和创新性思维的发展。

(3)促进大学生创新品质的养成。

创新与人的个性品质有明显的关系,信息网络对于培养学生创新精神有着独特的作用。因为网络给大学生提供的信息平台是开放的,相较于传统学习的模式,更有利于激发学生的好奇心,培养创新动机,而且网上的信息更新迅速,容易激发学生的求知欲,吸引学生将探索行为坚持下去,最后促进创新品质的养成。

(4)网络可以为大学生提供实践平台。

创新能力的培养离不开大量的实践。以往中国学生创新能力不强的原因一部分是由于缺乏锻炼实践能力的平台。网络技术的应用,有利于改变这样的状况。例如,喜欢销售的大学生可以自己试着在网上开设网店,保证学习的同时,不用走街串户也能推销出自己的产品,获得了社会经验,又能有一定的收入;喜欢写作的大学生可以在网络上开辟博客,将自己的意见和感悟通过网络平台传播,在获得网友的共鸣的同时也有效地抒发了自己的思想和情感,提高了自信心。

2. 消极方面

(1)造成一定程度的网络依赖。

网络是把"双刃剑",能培养大学生自主学习的能力,也能造成部分大学生对网络的过度依赖。例如,网络上有大量的信息资源,只要自己不清楚的问题,通过搜索引擎就可以获得我们想要的答案。这样的方式虽然快捷、简便,但是从另一层面来看也降低了大学生思维的主动性,不利于独立思考能力的培养。具体表现就是有问题找网络,离开网络就无法自己去思考找出答案,久而久之形成了网络依赖,甚至有些缺乏自律的学生还出现了网络成瘾征,影响学业。

(2)使大学生的发散思维能力下降。

发散思维是指人的大脑在思考问题时呈现的一种扩散状态的思维模式。每天有海量的信息充斥着学生的大脑,可选择性太多,眼花缭乱,导致很多学生形成了碎片化思维。网络提供的阅读内容多为通俗易懂的信息,不需要精读和思考,浏览者只要快速地、跳跃性地"浅阅读"即能领会,而这种"浅阅读"限制了大学生思维的发散,探索主动性的下降使得大学生非逻辑思维得不到训练,动手能力降低,从而不利于创新思维的培养。

(二)信息网络时代大学生如何提高创新能力

1. 大学生创新能力的自我培养

(1)大学生创新意识的激发与巩固。

① 保持好奇心。

好奇心,是指人们想要了解事物本质真相的一种主观心态,对某些事物感到疑惑,能提出问题,还想找到问题的答案。好奇心是创造的起点,也是创新的动力。与其他青年群体相比,大学生的智力结构和心理特点使他们对未知事物的好奇心尤为强烈。好奇是人类的一种认知冲动,大学生如果对事物好奇,想要一探究竟,并且具有坚强的毅力和持久耐心的精神,那么创新动机就很容易建立起来并持续下去。

② 有旺盛的求知欲。

求知欲是指人们对知识和真理的渴求程度。无论是自身发展的原因,还是在社会生存的原因,人们总是希望能用知识来武装自己。求知欲旺盛是大学生的显著特点,很多大学生不拘泥于自己所学的专业,对于感兴趣的领域,总是想通过一切途径去拓展知识面,丰富知识结构,使自己在才干和学识方面均获得突破,最后成为复合型的创新人才。

③ 维持一定的怀疑感。

怀疑是创造的先导,适度的怀疑能帮助大学生剖析事实真相,看清事物本质。知识经济时代,知识量激增,信息量也在剧增,鱼龙混杂,真伪并存,大学生如果不能维持一定的怀疑感,偏听偏信,容易在大量信息中迷失方向。当然,保持一定的怀疑感并不是让大学生怀疑一切、否定一切,而是能保持头脑清醒,有自己的分析能力和批判精神,不盲目从众,保持自我发展的正确方向。

④ 形成开放的意识。

开放意识是大学生创新人才的基本素质,是大学生创新意识的重要组成部分。社会变化日新月异,具有开放意识就是希望大学生能够对新事物、新观念、新思维有很好的接纳性,在遇到变化时用开放的观点和方法去积极适应新的情况,防止自己思想和行动落伍,这样也更利于培养大学生自主的个性。

⑤ 树立远大的目标。

远大的目标和崇高的理想是大学生人生中的领航灯,它能帮助大学生看清自己,找到前进的方向。如果学生没有明确的目标,很容易被不良的思想或生活方式所侵蚀,迷茫,虚度光阴,最后造成毕业即失业的尴尬局面。因此,大学生应强化积极进取的精神,与平庸、无所作为的消极心态决裂,始终保持在思想、学习、工作等方面不断进取的品质。

(2) 大学生创新思维的开发。

① 打破思维定式。

思维定式,是指按照积累的思维活动经验教训和已有的思维规律,在反复使用中形成的比较稳定的、定型化了的思维路线、方式、程度、模式等。思维定式或者是受一些传统的观念和习惯影响,或者受到书本、经验、权威的指引,导致思想被禁锢在一个个条条框框里,极大地限制了思维的发散,阻碍创新的达成。比如,提一个"水的作用"的问题,学生可能第一时间想到水可以用来洗衣服、用来洗碗、用来拖地板,这显然只考虑到了水能洗涤的层面,思维并未发散和变通,如果稍加引导,学生又能想到水能滋润、水能灌溉、水能稀释等作用。这时教师适时引导和启发,将非常有利于大学生创新思维的建立和巩固。

②扩展思维视角。

人的思维在开始时切入的角度叫思维视角。思维视角对创新者尤为重要,因为创新是对客观事物前所未有的改变,如果用旧视角去观察和认识客观事物或前人的经验,很难有所超越和突破。而事物本身有不同的侧面,从不同角度去考察,就更能全面接近事物的本质。可以改变万事顺着想的思路,从事物的侧面,甚至对立面出发去想,或者换位思考。例如,有家生产味精的公司,瓶装味精的销售一直不理想,于是他们就集思广益,甚至请了专家来出主意。有的说做促销,有的说把包装做精美,有的说请明星代言,最后还是一个家庭主妇的主意得到采纳,就是在味精瓶盖上多戳了两个孔,味精用得快了,用户自然会想到再买,这样反而更经济地解决了问题,同时销量也提上去了。

③发现并寻找创新点。

现实中的客观需要是一切创新发明或创造成果的基础。这个道理告诉我们,创新绝不是无理由地对任何事物都想去改变,比如某些人想搞发明创造,但是不知道从何下手,觉得什么想法都能努力一下变成现实。事实上,需要才是一切发明创新的出发点和着眼点。要有一双发现需要的眼睛,结合已有的知识经验和最新的相关资讯,去启迪创新的思路和灵感。当然,需要也是有时效性的,随着时间的推移,需要也可能变为不要。如果同学们有了创新的想法和点子,也应当广泛搜索是否已经有人做过或关注过相同的东西,以免与他人重复而浪费了精力和时间。

④ 学会超越。

培养创新思维,既要立足现实,脚踏实地,也要懂得超越。人的本性总是不满足于现实的,创新思维就是对现实不满的一种积极反应。历史在演变,社会在发展,每个国家、每个民族都是通过创新,才能推动社会不断向前进步。如果牛顿坐在苹果树下,他只是看到了或者吃掉了掉下来的苹果,那么就不会有"万有引力"这样伟大的发现了。学会超越,其实就是要超越原来的习惯,超越已有的经验。如果仅仅满足于现实,沾沾自喜于昨天取得的成绩,那么创新和创造就成了一纸空谈,社会也会停滞不前。

(3) 利用网络资源培养创新能力。

① 利用网络自主学习相关课程。

热爱学习,善于学习,才能在前人的基础上不断推陈出新。现在的学习,已经不能拘泥于书本学习和课堂学习,网络学习也已成为大学生增长知识的重要途径。学生可以根据自己的喜好和需求,选择网络公开课程或远程教学课程进行自主学习,以弥补高校课程体系的不足。教师可以给学生推荐一些对专业学习和素质提高有帮助的网站,让网络成为学生学习的有益工具,为创新能力的培养提供扎实的知识储备。

② 利用网络了解科技前沿。

大学生创新活动中,课题选择往往来源于指导老师。大学生可以通过网络搜索引擎和科技文章索引,了解到全球相关主题的资源信息,有研究比较深入系统的,也有最新的、最前沿的,大学生根据自己的能力和兴趣,结合本专业的相关技术难点和应用状况,自主选择有挑战性的课题或方向,这样更有可能出创新成果。

③ 利用网络为创新活动提供交流平台。

网络的出现让大学生的学习摆脱了传统被动式接受的模式,能更为主动地去发表自己的看法,控制自己的思维。大学生可以通过论坛、博客等交流平台,与全世界相同兴趣爱好者进行智慧的碰撞、观点的交锋,也可以分享资料,交流心得,这对激发创新思维、培养创新能力多有裨益。

2. 高校创新能力教育的措施

(1) 转变观念,激发学生的创新意识。

我国正处在社会转型时期,教育亦是如此,我国当前的教育观念有相对传统的,也有现代的、西化的,总之是各种教育观念融合与冲突交织存在。目前很多高校对创新教育的理解还停留在开设专门课程这一项上,但是对于课程开设以后对培养学生创新能力是否有效并未追踪研究。因此,教育改革中首先需要高校转变观念,提倡发扬符合时代发展的教育观念,坚持以人为本,由传统的应试教育向自我发展的素质教育观念转变。学生需从自身的实际需求出发,找寻适合自我发展的道路。知识经济时代需要培养有创新精神、高创造力的人才,所以不能只是灌输学生知识,让他们去被动地学习和接受,而是要让他们成为探索知识的主体,尊重他们的自主性、积极性和创造性,从而激发学生的创新意识和努力探索的精神。

(2) 改革教学及管理方式,建设高素质的师资队伍。

知识经济时代学生依靠单一的专业知识很难培养起创新能力,随着各学科之间的交叉性日益增强,高校对学生的教育更倾向于知识、能力、个性等方面的培养。因此,高校需要突破旧课程体系的束缚,不断更新教学内容和教学方法。扩大创新教育的宣传,充分发挥第一课堂的主渠道作用,将创新教育内容渗透到专业课堂教学中,优化课程结构;第二课堂方面,经常举行各类学术活动,让学生了解最新的学科动态,鼓励学生积极参加科技活动,加强动手实践环节。培养一批青年骨干教师作为大学生科技活动的指导老师,并建立相关激励机制,重视文理学科的交叉和融合,使之成为全面协调发展的新型指导老师。此外,还有管理方式上的转变,将传统的教师职责是"传道、授业、解惑"的教育观念,变为充分重视学生的主体意识和个性差异,尊重学生的首创精神,能因材施教,甚至可以根据专业特色和学生个性特点制定出更符合学生需求和个性发展的培养方案的新理念。

(3) 保证投入,营造创新环境。

高校应通过大众媒体宣传创新教育的意义,吸引更多学生来关注。要从物质上保障创新教育的开展,如采取激励机制鼓励教师编写教材、开设课程、进行教学改革;此外,可设立大学生创新活动专项基金,用于举办创新活动、创新竞赛等;在校内建立大学生创新基地,为营造浓厚校园文化氛围,培养创新人才提供平台,有条件的高校还可以与校外企业合作,作为学生创新活动的实训基地,这样有利于教育资源的合理配置,为培养大学生实践能力和创新精神提供更广阔的舞台。

四、信息网络时代如何培养大学生创客

(一)高校创客与创客教育

目前高校涌现出了这样一批年轻人:他们爱好科技,热衷动手实践,因共同兴趣为伍,以交流思想为乐。他们被称为"创客"。"创客"一词源于英文"Maker",意指努力把各种创意变成现实的人。在互联网高速发展的新形势下,一种基于网络和新兴制造技术来创造产品的创客运动,已经成为社会热潮,在十二届全国人大三次会议上,"创客"首次被写入政府工作报告。

随着高等教育改革的不断深入,"以创新引领创业,以创业带动就业"的理念成为共识。大学生是重要的创客群体,高校是培养创新型人才的重要途径。创客运动的不断发展,给传统人才培养模式带来更多启迪——让创客教育走进高校。目前大学生群体多为"90后",他们有强烈的自主意识,思想开放,接受新兴事物的能力强,获取知识的途径不仅限于传统课堂,受大数据时代和网络自媒体影响较深。创客教育立足于网络平台和科技前沿,容易引起学生的兴趣,让学生对社会行业有全新认识,从而调动学习、钻研热情。不同专业、不同学术背景的学生因共同的兴趣目标集结成一个团队,通过查阅资料、互动交流等形式,在学中做、在做中学,最终研发出成果或产品的过程,有助于开发学生的创造潜力,培养团队合作精神和沟通协调能力,提高实践操作能力。而创客教育更是以就业为导向,培养更多的自主创业人才或者契合企业需求的高级管理人才和技术人员,为提升高校就业率和培养综合素质全

面发展的大学生提供重要平台和保障,这也是"互联网+"时代一项有力的教育变革。

(二)如何培养大学生创客

创客运动对于高校教育教学和大学生学习观、就业观产生了不小的影响,引发高校对创客教育的探索。那么,应从哪些方面出发来助力创客教育?如何培养大学生创客?

学校层面。目前大多国内高校都开设了创业课程,课程设置上以理论指导为主,与实践技能相关的内容较少。创客教育应从学生主体意识的培养和动手操作能力的培养入手,改进传统的教学模式,实现"以教为中心"到"以学为中心"的转变,设置以专业学习为代表的第一课堂和以兴趣爱好为代表的第二课堂,鼓励学生积极获取知识、探索未知,落实个性化培养和跨学科人才培养的教学体系;师资上,设置专业的创客教师,不仅要有较高的理论素养,还要有较强的创新能力、沟通能力和丰富的实践经验,能够给学习者提供更广阔的视野,选择应用性强、符合学习者兴趣和市场需求的项目,并在探索活动中给予学生专业的引导和行业的指导;此外,学校还应提供适合创客活动的软硬件环境,如创客基地的建设、技术的支持及多学科项目导师的配置、后勤的供给等。

学生层面。大学生应意识到创新不是高智商者、发明家的专利,只要了解自己的兴趣所在,坚持探索和思考,不仅做思想上的"巨人",还要做行动上的"巨人",创新能力和创造水平也能获得提升。找到一群志趣相投的人共同完成一个项目的研发,或者与优秀的企业家和技术人员进行学习和交流,通过不断地实践,总结经验,提升眼界和创造能力,对于提高自身的沟通能力、协作能力、处事能力、自信心、责任心等均有裨益,力争成为一名合格的创客。

社会层面。创客教育还需得到政府、社会、企业等多方位的支持,利好政策推动,校内校外资源联动,让大学生与科研机构互相联系,形成开源共享的良性氛围,为创客培养打造健康的生态环境。总之,以创客教育助力创客实现梦想,激发更多大学生自主、自发的创新意识,是全面推进创新型社会道路上不可或缺的重要环节。

|参考文献|

[1] 邓泽功. 大学生创新创业指导课程[M]. 北京:人民交通出版社,2004.

[2] 罗庆生,韩宝玲. 大学生创造学[M]. 北京:中国建材工业出版社,2001.

[3] 苏玉堂. 创新能力教程[M]. 北京:中国人事出版社,2006.

[4] 魏天兴. 大学生创新能力培养的几点思考[J]. 中国林业教育,2010(1).

[5] 苏玉荣. 大学生创新能力培养模式研究[D]. 武汉:武汉理工大学,2013.

[6] 孙剑明,等. 基于网络环境下培养大学生创新能力的研究[J]. 高教高职研究,2010(56).

[7] 安航. 信息网络时代提升大学生创新思维教育水平的方法初探[J]. 科技创新导报,2015(29).

[8] 宋加涛,王蔚. 网络时代大学生创新能力的培养[J]. 宁波高等专科学校学报,2003(2).

[9] 史洋玲. 我国大学生创新能力发展现状与培养研究[D]. 合肥:安徽大学,2014.

[10] 韩军. 网络时代"长尾理论"对培养大学生创新能力的启示[J]. 中国成人教育,2010(9).

[11] 宋琦等. 浅谈网络环境下大学生创新能力的培养[J]. 科教文汇,2009(2).

[12] 梁军. 适应时代发展要求,努力培养大学生创新能力与创新素质[J]. 高教论坛,2014(5).

第十讲

信息网络时代的自我教育

一、大学生自我教育

（一）自我教育的定义

作为一个古老而常新的问题,自我教育在思想政治教育中有着举足轻重的地位。随着社会的变迁,素质教育的提出以及大学生自我意识的成熟,自我教育既是学校教育中促进学生自我发展、自我完善的重要途径,又是实现教育目的的根本方向和最终归宿。苏霍姆林斯基指出:"只有能够激发学生去进行自我教育的教育,才是真正的教育。"中共中央、国务院下发的《关于进一步加强和改进大学生思想政治教育的意见》中指出,加强大学生思想政治教育,应"坚持教育与自我教育相结合。既要充分发挥学校教师、党团组织的教育引导作用,又要充分调动大学生的积极性和主动性,引导他们自我教育、自我管理、自我服务"。因此,无论对于教育的变革、时代的发展还是人的成长成才,自我教育的作用不言而喻。

那么什么是自我教育?自我教育是指受教育者按照思想政治教育的目标和要求,通过自我学习、自我修养、自我反思等方式,主动提高自身思想认识和道德水平以及自觉改正错误思想和行为的方法。简单地说,自我教育就是人自己教育自己,自己做自己的思想工作。从心理学的角度论述,自我教育是与自我意识的发展相联系的。大学阶段人的自我意识日趋成熟,能够比较客观地评价自己和别人,发表独到见解,形成自己的看法。而自我教育是伴随着人自我意识发展而发展的,是人在政治、思想、道德等多方面不断修正和完善的过程,是每个人形成正确的政治观、人生观、道德观、价值观和正确控制自己行为所采取的方法。从思想政治教育学学科视角论述,更多学者认为自我教育是一种方法、手段,或者是一种过程,一种社会活动。自我教育的方法,是通过人自身思想的矛盾运动进行的,也是人们自觉接受先进思想和正确行为,促使自己的政治倾向和思想品德向好的方向转化、发展的教育活动。

(二)自我教育的基本特征

1. 教育主体和教育客体合二为一

传统常规教育将教育者和教育对象进行了严格的划分,教育对象始终被动地接受知识,是教育活动的客体。但是,自我教育与之不同,自我教育过程中教育主体和客体合二为一,教育对象能充分发挥自身的主观能动性和创造性。在大学生自我教育中,大学生把自己作为自我教育的主体,由自己对自身进行调控和改造,是将自我的能动性指向自身品德完善的个人活动。

2. 自我教育与教育的统一性

自我教育不可能排除学校、家庭、社会教育等单独存在,教育与自我教育是相互联系、相互促进的关系。在学校、家庭等教育中,大学生处于被教育的客体地位,处于他律状态;而在自我教育中,学生处于一种主体地位,能够充分发挥自身的主观能动性,处于自律状态。人的思想觉悟和道德水平的提高,需要通过学校、家庭、社会等进行思想政治教育,但是,教育的效果需要通过人自己的思想矛盾运动来实现。人自我教育的能力需要经过教育才能培养和发展,而自我教育能力又能反过来促进人更好、更自觉地接受教育的影响,增强和巩固教育的效果。

3. 教育内容选择上的自主性

在常规教育中,教育对象处于客体地位,在教育内容选择上没有自主性。而自我教育完全不同,受教育者在自己主体意识的基础上,能充分发挥自主性作用,根据社会规范和自己发展的要求,通过自我选择、自我内化、自我调控等过程,有目的有计划地改造自身,提高自我的思想境界,从而形成良好的思想道德品质。

4. 教育过程的内化性

内化性是指自我教育中主要作用力的方向性指向自身,这与一般外向教育即灌输教育不同。人做出选择以后,将选择转化为自己认同的观念,再指导自身的行为,这完全取决于自身的主动性。一般来说,个体思想道德品质是一个由认识内化到行为外化的交替过程,它首先是将外界的社会道德规范转化为个体内部的道德意识,然后再在个体的外在行为中表现出来,这也充分说明了外因要通过内因才能起作用的道理。

(三) 自我教育的基本内容

大学生开展自我教育,要着眼于自我教育能力的培养。自我教育能力主要包括以下几个方面。

1. 自我认识能力

自我认识能力是指个体在社会生活中逐渐形成和发展起来的自我意识能力,包括对自己的能力、性格、生理心理素质、情绪、行为等的认识。社会普遍认为大学生是一个具有较高素质的群体,已具有一定的自我认识能力,这为自我教育能力培养奠定了良好基础。但也应看到,部分大学生因为经历有限,对大学生活以及人生发展比较迷茫,体现出对自己的认识不足或者不准确,这就需要外界去帮助和指导学生正确地认识和评价,以提高自我教育的能力。

2. 自我评价能力

自我评价能力是指个体根据一定的标准来判断和分析自己的心理素质和道德行为的能力。自我评价的过程是个体能够清楚认识自身的情况,并且知道自身和判断标准之间存在的距离,然后通过努力提升自我素养,争取达到评判标准。多元化社会纷繁复杂,这就要求大学生在社会和思潮中有较高的判断能力,能够分清好坏,去伪存真,对自己的思想和行为进行指导。

3. 自我激励能力

自我激励能力是指个体通过内在动力,不断激发和鼓励自己向着目标前进的能力。自我激励能力是大学生进行自我教育、提高自我、发展自我的推动剂。大学生需要树立远大的理想,为人生设定目标,并坚定自己的信念,一步步前行,在遇到艰难险阻时秉着不抛弃、不放弃的精神,充分发挥主观能动性,引导自己向着正确的方向前行。

4. 自我控制能力

自我控制能力是指个体为了达到预定目标而自觉控制和调节自身心理状态的能力,即人的意志力。所以培养意志力是培养自我控制能力的核心。大学生年龄日渐增长,社会经验、社会阅历日渐增加,自我评价能力、是非判断能力、自我控制能力逐渐增强。自我控制能力作为大学生具体行为的指导,是自我认识和自我激励能力的升华,是大学生从现实我到理想我转变的关键。

5. 自我实践能力

自我实践能力是指大学生自觉、自愿根据社会标准和道德规范对自己作出要求,在行为上体现出来的能力。自我教育的基础是认识和评价,自我实践与意志力密切相关,通过自我激励来促进。自我认识和评价是大学生进行自我实践的前提和基础,而自我实践能力的发展也能进一步促进个体自我认识和评价能力的提升,从而在整体上提高大学生的自我教育能力。

（四）大学生进行自我教育的必要性

1. 自我教育是促进大学生全面发展的重要途径

大学阶段是学生身心逐渐成熟的阶段,世界观、人生观、价值观业已形成,要想走出校门时能迅速适应社会,大学生需要发展自己多方面的能力,如学习能力、生活能力、人际交往能力、创造能力、组织协调能力、分析综合能力等。在培养能力的过程中,自我教育发挥着不可忽视的作用。首先,自我教育可以增强学生的主体性地位,是个体主观能动性的表现。大学生通过自我教育内化自身,激发创造力,增强明辨是非能力和自我反省、行为控制能力。其次,自我教育有利于塑造积极向上的心理状态。大学生通过自我教育不断调整自我来积极适应社会角色,在社会中获得尊重和认可。再次,自我教育有利于培养学生良好的心理素质。自我教育需要运用心理学的原理和方法,学生通过反复训练直至熟练,可以有效增强解决遇到的矛盾冲突的能力。总之,自我教育是促进大学生全面发展的重要途径。

2. 自我教育是实现高校思想政治教育目标的根本保证

思想政治教育是以塑造人良好品德,促进人全面发展为根本目标的。教育与自我教育是统一的过程。从内、外因的关系来说,外在的教育只能影响学生的思想,只有增强学生对外在教育的接受、理解和吸收能力,形成自身固有的观念,并积极转化为行动,才能顺利实现思想政治教育的目标。由此看出,实现高校思政教育目标的关键就是自我教育。信息网络时代,学生可以接触到大量的信息,想简单地通过外在灌输的方式把思想政治教育内容强加给学生已经不现实了,而自我教育弥补了这一缺陷。高校可根据大学生的特点,发挥大学生的主体性优势,进行自我教育,引导学生将个人成人成才目标与学校思想政治教育目标有机结合,以提高教育的效果。

3. 自我教育是落实科学发展观的具体体现

科学发展观是指坚持以人为本,树立全面、协调、可持续的发展观,能促进经济社会和人的全面发展。科学发展观的落实离不开人们素质的提高,而人们素质的提高需要全面协调的教育,而自我教育也是其中不可缺少的部分。一是自我教育体现了人本性,将学生的个人发展作为首要目标,关心、理解、信任学生,将学生利益放在学生工作的落脚点上;二是自我教育要突出时效性,要根据社会发展规律和学生的心理特点,设计贴近实际、贴近生活的教育内容,着重培养学生良好的心理品质和自尊、自信、自律、自爱的优良品格。

二、大学生自我教育的现状

(一)大学生自我教育存在的问题

1. 自我教育意识欠缺

"90后"大学生出生于我国经济起飞时期,成长于社会快速转型、科技日新月异的信息网络时代。从紧张的高中生活步入到相对放松的大学,加上外界刺激较多,很多大学生过着散漫、迷茫的大学生活,缺乏自我约束能力和自我教育意识。自我教育意识的欠缺主要表现在以下方面:一是成才意识狭隘,修身意识薄弱。在成才意识的驱使下,部分学生积极投身于专业领域学习,热衷于考研、考证,认为拥有高学历、足够的证书就能成为所需要的人才,却忽视了道德品质和思想政治等素质的培养。二是部分学生自我中心思想严重,缺乏规范意识,在道德行为上缺乏自我道德认知和提升道德品质的动力。三是部分学生存在投机意识,不想通过努力去提高自身能力和综合素质,而是寄希望于不切实际的机遇或不劳而获;四是集体意识淡漠,大学生比较重视自我的发展,除班干部外,一般很少有人主动关心班集体,自愿为班级做事,在一定程度上缺乏团队合作精神和集体荣誉感。

2. 自我教育能力较差

我们现在所处的时代是经济、科技、信息网络一体化、全球化的时代,面对社会的变迁和大量信息的冲击,需要大学生不断自我学习和自我提高。自我学习能力不是与生俱来的,而是依靠后天的培养和锻炼形成的,需要人的持续努力。目前仍有部分大学生习惯被动接受教育,缺乏自我学习的兴趣,将关注点更多地放在娱乐和享受上。除自我学习能力外,部分学生心理素质不稳定,缺乏自我控制能力,一旦受到外界刺激,很难用理智的力量控制自己的情绪爆发以及越轨言行。而且在困难与失败面前,一部分大学生容易引起强烈的心理冲突,导致心理问题和疾病发生,这也在一定程度暴露了当代大学生自我调适能力较差的现实。

3. 自我实践的持续性、组织性较弱

大学生自我教育既是一种思维活动,也是一种实践活动。大学生根据自己发展的需要,在实践中将自己所学的知识、所认同的理念转化为自身行为和能力素养。自我教育离不开实践,而自我实践动力是确保大学生自我教育长期开展的客观要求。"90 后"大学生往往自我实践的持续性、组织性不够,很多大学生不愿意参与实践活动,即使参与也是为了完成任务、敷衍了事,这就在很大程度抑制了自我教育不断开展的动机,也会制约自我教育积极性和主动性的发挥。

4. 自我教育的方法单一

在目前的学生管理工作中,很多高校管理部门仍然通过学校呼吁宣传、校园活动、教师指导以及学生干部来带动学生进行自我教育,自我教育的宣传工作也缺乏创新,不少学生对这样的引导方式缺乏兴趣和热情。此外,自我教育的途径和方式也相对滞后,未能紧跟时代的步伐,如网上学习、微博等新型媒介尚未被广泛采用,自我教育仍主要存在于思想政治教育课堂、校园活动中,未能在校外实践中很好地延伸。这种狭窄的活动空间,已远远不能满足大学生获取知识、提升能力的需求。

(二)大学生自我教育存在问题的原因

1. 高校教育模式存在弊端

我国高等教育的模式和管理体系有明显的行政化影响。很多高等学校

将教育者的管理作用过分突出,管理范围太广,要求学生被动遵守学校的规章制度,把过多精力放在对学生的管理上,而对于学生的思想发展不太关注,对"90后"大学生自我教育的认识不足。有些教师仍受教师本位观念影响,未能重视大学生的主体性地位,无法激发学生的创造力和自我教育的积极性。此外,有的高校管理者过分强调大学生作为成年人有责任处理自己的事务,而缺乏对学生的正确引导,在日常管理中放任学生。尽管这种方式让学生的自我管理空间比较辽阔,但是由于学生缺乏管理经验,没有了管理者的支持和引导,思想政治方面仍然得不到很好的教育。由此可见,大学生自我教育不仅需要学生的主体性的发挥,也离不开教育者有针对性的引导,所以不管是严管型的还是放任型的教育模式都是存在弊端的。

2. 大学生自我意识发展不平衡造成自我教育的不稳定

大学生自我教育意识是在自我意识的基础上发展起来的,这也是大学生进行自我教育的心理前提。"90后"大学生的自我意识虽然处于基本发展成熟的阶段,但依旧存在不平衡性。例如,自我意识尚未最后定型时,面对环境的复杂多变,学生自我的态度体验也存在起伏不定的状况,有时过分自信,有时又过分自卑,两种情绪的交织造成自我认识的不准确性;大学生在思想上要求独立,但是在生活和经济上依然依靠父母,这种独立性与依赖性并存也影响着自我教育的积极性;很多大学生在中学时代对大学生活心存理想,真正进高校后发现理想并不那么容易实现,会遇到艰难险阻,所以稍有挫折学生难免精神紧张、压力增大甚至导致心理失衡和心理疾病,这样也影响大学生自我教育的持续进行。

三、信息网络时代的大学生自我教育

(一)信息网络时代对大学生自我教育的影响

在信息网络时代,互联网不仅改变了"90后"大学生的生活方式、思维方式和行为方式,也对大学生的自我教育产生了积极和消极的影响。

1. 信息网络时代对大学生自我教育的积极影响

信息网络时代，信息的网状链接和传播的交互性加强了自我教育的自主性。首先，信息网状方式链接相比纸质的线性链接，更接近人脑的思维特点。由于信息网络传播的交互性，人们可以在自己选定的时间和空间内获取所需信息，对信息的获取是主动的，这也使大学生自我教育的自主性得到充分发挥。网络环境的交互性还提高了自我教育的开放性。方便的搜索引擎让大学生不仅可以快捷地获取信息，还可以在网上与教师、同学及志同道合的人进行交流，及时对自己所掌握的知识技能进行测评并得到反馈。网络还为大学生提供了更多的自由创造的空间和多种实践的机会，大学生可根据需求进行更多个性化的发展，有利于自我教育积极性的激发和创造力的发挥。

2. 信息网络时代对大学生自我教育的消极影响

首先，由于"90后"大学生独立意识逐渐增强，信息获取能力强，网络已成为他们获取和传递信息的重要途径。但是学生的世界观、价值观、人生观未完全成熟，缺乏是非判断能力，网上的一些腐朽思想和不良文化思潮对大学生可能产生严重负面影响，容易迷失自我教育的价值取向，甚至会误入歧途。其次，大学生自我教育的途径很多，如教师引导、读书看报、组织实践、朋辈互助、上网等。网络以方便快捷、信息量大等优势很受"90后"大学生青睐，对网络的依赖造成了部分学生沉迷于虚拟网络世界，遇到问题过度依靠搜索引擎，这样反而影响了自我教育的积极性和能动性。再次，网络时代人机对话的交流方式已成为大学生主要的人际交往方式。有些学生可以在网络上异常开朗、侃侃而谈，而现实生活的沟通逐渐减少，长此下去，会导致人际交往能力降低，甚至出现严重的不良情绪及交往恐惧症。总之，人机对话的方式也影响了学生在现实中与人互动探索自身、发现优缺点和完善自我，从而影响了自我教育的效果。

(二)信息网络时代大学生自我教育的新特征

1. 自主性

信息网络时代为大学生提供了大量方便、快捷的信息获取渠道,使他们能掌握信息获取和传播的主动权和支配权,充分体现出自主性。在网络环境下,大学生可以自由地去选择需要感受的教育内容,调动起学习的主动性和积极性,使自我教育能够自发地、积极地进行,并且能够自我约束和自我管理。

2. 个性化

"90后"大学生有着较为宽松的家庭教育环境,个性比较自信、张扬,喜欢表现自己。网络这个自由开放的平台能为大学生提供更多展示自己和实践的机会,大学生可以喜欢的方式完成学习、发表看法、休闲娱乐等。依靠网络,自我教育的内容和方式选择、时空安排、效果评估都可以根据自己的个性来确定,这正好符合"90后"大学生彰显个性、敢于创新的个性特征。

3. 社会性

自我教育是一种实践性的活动,也是一种社会性的活动。"90后"大学生生活在开放、复杂的时代,人与人之间通过网络发生着直接或间接的联系,让他们视野开阔、生活多彩。虽然网络能让学生的自由化和个性化突出,但是自我教育也必须通过客观的社会关系和实际的社会生活来不断调整教育目标,促进个性化和社会化的统一。总之,离开了社会实践,自我教育只能是闭门造车、坐井观天,无法达到理想效果。

(三)信息网络时代如何加强大学生自我教育

1. 信息网络时代大学生加强自我教育的途径

(1)正确认识自我,激发自我教育的主动性。

正确认识自我是自我教育的前提和基础。正确认识自我是指个人要正确认识自己的身心特点及与社会的关系。首先,应对自己的生理特点有所认识;其次,是要对自己的能力、性格、气质、价值观等心理特点有所了解;最后还要知道自己在别人心目中的地位及别人怎样看待自己。刚经历了高考的紧张和压力,一些学生进入大学以后仍然延续中学时被动的学习方式,生活比较松散,对自己不够了解,对未来迷茫,没有梦想,没有目标,于是也就缺少了自我教育的动力。任何教育特别是自我教育,都是内外部动力共同作用的结果。外在动力来源于学校、家庭、社会,而内部动力则来源于学生的自我意识。所以,大学生增强自我教育的意识是确保自我教育有效性的前提,是充分发挥自我教育主动性的内驱力。当然,不是所有的大学生都能意识到自我教育的重要性,也并不太懂得自我教育的方式,所以,首要的是,学生要在对自身了解的基础上,确定自己的梦想,确定将来的发展目标,并规划好实现目标的路径,这样可以有效地将内部的积极性和主动性挖掘出来,激发自己的主体意识,才能根据时代特征以及自己的个性特点,树立自我教育的目标并主动践行自我教育。

(2)加强自我修养。

自我修养是指人们在政治、思想、道德及知识等方面进行自我教育和自我锻炼,并由此达到一定的程度和水平。自我修养是人实现自我完善、自我发展的重要途径。信息网络时代,一些不良信息在网上迅速、隐秘地传播,社会监管对网络缺乏有效的控制,极有可能对大学生产生消极的影响。因此,大学生应加强自我修养,建立起一道思想的防火墙,自觉抵制这些不良信息。强化自我修养,有以下两种方法:一是自省,是个人对自己思想和行为进行检查对照,找出差距和不足的道德修养方法。大学生应尽快地认识自我,完善自我,设计人生的轨迹,通过自省,检查自己网上的言行是否符合社会标准和规范,对可能的网络越轨行为作出修正。二是克己,就是要加强网络心理健康教育和自我反思教育。一些学生因为克制能力差,每天花大量的时间在网络上娱乐,甚至形成网瘾。因此,应通过克己的方法,做好网络心理调适,将虚拟世界和现实世界区分开来,并形成遵守网络道德的坚强意志。

（3）强化自我管理，培养自护能力。

自我管理是指自觉运用法纪、规章制度和道德规范来约束自己，调整和控制自己的言行。强化网络中的自我管理，大学生可以采取以下形式：一是自制。即不管接受什么信息，积极的还是消极的，都能保持理智和冷静，坚持正确的是非观念和价值取向，不仅要提高认识和辨别能力，还要根据自身情况去设置自我教育目标，并努力和坚持实现目标；二是自律，即自己约束自己，自觉限制自己的行为，对网络的冲击形成自我保护的意识，以免自己陷入虚拟世界的混沌之中丧失了理性，突破道德底线，甚至做出违法犯罪的行为。

（4）注重实践，训练提高。

自我教育能力是在实践过程中不断形成和发展起来的。信息网络时代不仅要求大学生将社会规范内化，还要求把内化后形成的观念外化为行为和习惯。这种从内化到外化的转变都有赖于实践。通过参加实践活动，大学生可以培养起独立、理性的自我判断力、选择能力、自控能力和创造力，还能在实践中与他人进行合作、交流，提升人际交往水平，得到别人的评价、监督与反馈，再通过总结和内省的训练进一步提高自我、完善自我。

（5）充分利用网络进行自我教育。

当今社会，网络对于大学生学习和生活的影响越来越大，大学生通过互联网掌握的信息有时候甚至超过了通过课堂、电视、报纸等大众媒体所提供的信息量。当然，我们也必须认识到网络是把"双刃剑"，既有优势也有弊端。大学生可以充分利用校园网和互联网上丰富的有益资源，获取感兴趣的信息，用以扩充自己的知识面，提高学习效率，提高思想意识，从更高的层次和更广的范围来思考问题。但是也应自觉杜绝网络的各种诱惑，抵制各种不良信息，提高自我约束能力，扬长避短，将网络作为学习和充实自己的有效途径而不仅是娱乐工具。

2. 信息网络时代高校引导大学生进行自我教育的措施

（1）加强校园网络文化建设，构筑自我教育新平台。

网络信息化是现代高校进行教学的必然选择,建设丰富的网络信息资源、净化网络环境,应从校园网络环境入手。加强校园网络环境建设,最重要的是加强校园网络文化建设。健康、优良的网络文化环境有利于培养大学生正确的审美观念和健康、高雅的审美情趣,养成自我反思、自我约束和自我激励等良好的自我教育习惯。首先,应加强校园局域网、公众平台建设,创建信息化校园。丰富网络资源是优化校园网络的基本出发点。例如,开辟特色专栏、设计寓教于乐的主题网站、将优秀文化传统和社会美德宣传放网上、建立咨询站进行有关政策、心理健康、卫生知识等方面的咨询。其次,建立一支思想过硬的网络宣传队伍,对他们进行专业的网络知识培训,让他们充分利用现代化的手段,利用教育者的信息优势,随时发现网络的信息动态,与学生进行平等交流,做好网络信息传播的"把关人",将不良信息先于学生之前有效地规避掉。同时,学校也可以聘请一些知名的专家学者在网络上与学生对话,积极引导网上的舆论走向,避免虚假的信息、偏激的意见在学生当中传播。

(2)加强学生网络道德教育。

信息网络时代,网络已经成为德育工作的落脚点和开展德育工作的最佳载体。德育工作的网络化、生活化伴随着大学生的成长成才逐步进行。高校要充分利用"两课"课堂和第二课堂,在学生中开展如何文明上网、辨别网络信息的宣传,通过公众平台经常进行思想政治教育、社会风尚、好人好事、通报表扬等正面信息的渗透。利用网络技术,开展交互性的德育教育工作,例如,建立一支德育教育、思政教育、心理健康教育为主的网上辅导队伍,倾听学生的心声,解答学生的疑惑,以学生进行自我教育为主体,依据学生不同的个性特点进行分类指导。

(3)营造良好的自我教育氛围。

好的风气和氛围是有感染力的,高校教育管理者应有意识地在学生中营造自我教育的氛围。对于学生来说,要求每人都能从自我做起,加强自我管理,约束自己的言行。另外,学校层面,要创造良好的校风学风,建立和谐的师生关系,营造积极健康的校园文化氛围,让学生在积极、健康的文化氛围中接受潜移默化的引导和规范,最后内化为自觉自愿进行自我教育的观念和行为。可以从学生干部抓起,利用朋辈辅导的原则辐射更多的学生。

(4)开设自我教育相关课程。

高校可以通过选修课、专题讲座等形式,引导大学生学习如何进行自我教育,其主要内容包括以下几个方面。一是认识自我的教育。自我认识是自我教育的基础,大学生既要认识到自己的优点和不足,还要客观分析自己的现状,正确规划自己的将来,努力实现自我超越。二是自我学习教育。时代和社会在不断发展,人生也是一个终身学习和终身教育的过程。坚持自我学习,应当根据时代特点开辟自我学习的新途径和新方式,然后通过向老师、同辈,甚至对手学习,发现别人的长处,弥补自己的不足,提高竞争水平。三是自我调节教育。大学生不仅要进行自我教育能力的培养,还应学习一些心理学方面的知识,掌握心理调适的方法。这些方法能够帮助大学生保持心理健康、心态平衡,而自我调节是自我教育持续进行的有力保障。

(5)健全自我教育的有效机制。

一是要健全大学生自我管理、自我教育的组织机制。大学生的参与意识和民主意识日益强烈,校方应充分尊重大学生的自主性和创造性,鼓励学生参与到学校部分管理工作中来,并进一步健全学生自治组织。二是健全大学生在实践活动中的教育机制。学校应多提供内容丰富、形式多样的社会实践活动,帮助学生更好地认识自己的社会角色和价值,克服脱离实际和思想偏激的观点,激发学生自觉遵守社会规范并内化为自己处事的习惯。三是健全奖惩机制,"90后"大学生有着强烈的自尊和荣誉感,他们需要有学习的榜样、效仿的对象,所以,学校应善于在大学生中寻找闪光点,树立典型,并及时表彰和宣传。对于违反规则、规范的学生,也要及时给予惩戒,但是惩罚只是手段,引导学生反省、改正、向好的方向去转变才是最终目的。总之,奖励和惩罚是大学生思想政治教育管理工作的有效手段,对大学生的自我教育有很大的促进作用。

| 参考文献 |

[1] 郑永廷. 思想政治教育方法论[M]. 北京:高等教育出版社,1999.

[2] 杨维,刘苍劲. 素质德育论——大学生的现代适应与综合素质培养研究[M]. 北京:人民出版社,2008.

[3] 周长春. 新形势下大学生思想政治教育探索[M]. 北京:北京工业大学出版社,2005.

[4] 焦静. 大学生自我教育能力研究[D]. 太原:中北大学,2013.

[5] 杜泰山. 提高大学生自我教育能力研究[D]. 重庆:西南大学,2008.

[6] 张玉. "90后"大学生自我教育存在的问题及对策研究[D]. 重庆:西南大学,2014.

[7] 黄蓉. 大学生自我教育存在的问题及对策研究[D]. 武汉:华中师范大学,2009.

[8] 罗伟凤. e时代"90后"大学生自我教育探析[J]. 山西青年职业学院学报,2015(1).

[9] 钱锐. 浅析网络环境下大学生自我教育能力培养[J]. 安徽科技学院学报,2006,20(6).

[10] 谈利雅. 大学生网络自我教育的实现途径探微[J]. 学理论,2014(12).

[11] 谢雷. 网络条件下大学生自我教育的途径[J]. 科教文汇,2011(10).

[12] 钱锐. 网络环境中大学生自我教育现状和途径探讨[J]. 安徽农学通报,2006,12(4).

[13] 粟竹玲. 新时期大学生自我教育的有效途径[J]. 教育与职业,2012(29).